André Cochut

Paris industriel

Histoire

 Le code de la propriété intellectuelle du 1er juillet 1992 interdit en effet expressément la photocopie à usage collectif sans autorisation des ayants droit. Or, cette pratique s'est généralisée dans les établissements d'enseignement supérieur, provoquant une baisse brutale des achats de livres et de revues, au point que la possibilité même pour les auteurs de créer des œuvres nouvelles et de les faire éditer correctement est aujourd'hui menacée. En application de la loi du 11 mars 1957, il est interdit de reproduire intégralement ou partiellement le présent ouvrage, sur quelque support que ce soit, sans autorisation de l'Éditeur ou du Centre Français d'Exploitation du Droit de Copie , 20, rue Grands Augustins, 75006 Paris.

ISBN : 978-1726238007

10 9 8 7 6 5 4 3 2 1

André Cochut

Paris industriel

Histoire

Table de Matières

INTRODUCTION.	7
I. — RÉSULTATS OFFICIELS.	8
II. — IMPORTANCE DES AFFAIRES.	14
III. — LES SALAIRES.	24
IV. — LA MISÈRE A PARIS.	35
V. — UN DERNIER MOT.	48
NOTES	53

Statistique de l'Industrie à Paris, résultant de l'enquête faite par la chambre de commerce pour les années 1847 et 1848. [1]

INTRODUCTION.

J'ai toujours pensé qu'un des livres les plus utiles qu'on pût faire en chaque pays serait un tableau montrant comment s'accomplit la production qui entretient la vie nationale, et comment les fruits du travail collectif se distribuent. Une statistique entreprise dans ces vues comprendrait le classement des individus par professions en groupant autour du chef de famille ceux qui vivent à sa charge; l'inventaire des produits avec évaluation de la somme qu'ils représentent; la part respective des trois agents créateurs, capital, intelligence, labeur manuel, et enfin la rémunération accessoire des services qui concourent indirectement à l'enrichissement général, comme l'éducation, l'hygiène, la sécurité publique, l'administration civile. Les résultats, du régime économique étant ainsi mis en saillie, chaque citoyen serait à même de juger s'il y a exténuation d'un côté, et de l'autre surabondance de vitalité, s'il faut négliger les plaintes qui viennent à éclater, ou s'il est prudent et juste d'y faire droit. Malheureusement il en est d'un tel livre comme de l'histoire générale, qui ne peut être entreprise avec succès que lorsqu'on possède assez de monographies et de recherches spéciales pour éclairer les innombrables détails. Il deviendrait possible de dresser le plan économique de la société française, si, dans beaucoup, e villes et dans diverses catégories de professions, on suivait l'exemple qui vient d'être donné par la chambre de commerce de Paris.

Une des premières manifestations de l'assemblée constituante en 1848, on se le rappelle sans doute, fut un décret prescrivant une enquête solennelle sur le sort des ouvriers. Exécutée sans vues d'ensemble, accueillie sur certains points comme un thème à déclamations, objet d'effroi pour beaucoup de gens, l'opération fut traînée en longueur, et n'aboutit qu'à un rapport sommaire dont il n'y avait aucune induction à tirer. Quand la chambre de commerce de Paris se trouva ainsi dégagée de son mandat, elle possédait déjà des informations précieuses, recueillies au prix des plus grands sacrifices. Il eût été infiniment regrettable que ces matériaux fussent perdus pour le public. La chambre se mit donc en devoir de les utiliser, non plus en s'asservissant au programme primitif, mais dans les formes qu'elle jugea les plus convenables pour l'utilité du commerce parisien. Telle est l'origine d'une des publications les plus volumineuses et les plus instructives faites en ces dernières années, la *Statistique de l'Industrie à Paris*.

I. — RÉSULTATS OFFICIELS.

« Constater d'une manière précise les conditions de la production manufacturière à Paris, son importance en valeur, la division des occupations, le nombre des entrepreneurs et sous-entrepreneurs d'industrie, celui des travailleurs, les conditions et le taux des salaires, la durée et l'intensité des chômages : » tel est le cadre que les auteurs de l'enquête se sont tracé, et qu'ils ont voulu remplir, « sans se préoccuper des discussions de doctrine, sans même chercher à prévoir toutes les conséquences qu'il serait possible de déduire ultérieurement des faits recueillis et constatés. »

Se représente-t-on l'immensité d'une pareille tâche? La chambre de commerce commence par choisir dans son sein une commission directrice de sept membres [2]. La haute surveillance est confiée à M. Horace Say, nommé rapporteur : on lui adjoint deux auxiliaires, pris en dehors de la chambre, l'un, M. Natalis Rondot, chargé du travail extérieur consistant à diriger les interrogatoires ; l'autre, M. Léon Say, chargé, à l'intérieur, de classer et analyser tous les renseignements recueillis. On ne tarde pas à reconnaître qu'en se bornant, comme dans les enquêtes précédentes, à consulter un certain nombre de notabilités, on n'obtiendra que des notions approximatives et contestables. On se décide à aborder sans exception tous les individus travaillant pour leur compte, en sollicitant de franches réponses sur les points qu'on désire éclaircir. On ne recule pas devant l'obligation de visiter une à une les 32,000 maisons de Paris. La grande ville, subdivisée en 362 circonscriptions, correspondant aux compagnies de l'ancienne garde nationale, est parcourue par des recenseurs gagés, qui partent chaque matin avec l'indication précise des maisons à explorer. On dresse chez chaque industriel un bulletin détaillé répondant à une longue série de questions.

I. — RÉSULTATS OFFICIELS.

Au moindre doute qui s'élève, on envoie un second, un troisième agent, pour contrôler les précédents rapports. On procède ainsi dans 66,000 ateliers, et comme chaque recenseur ne peut recueillir que 20 à 25 bulletins par jour, le seul interrogatoire des fabricants exige 3 à 4,000 journées d'employés. Les documents étant réunis, commence à l'intérieur un énorme travail de classement, de dépouillement, de vérification, d'analyse, de rédaction. M. Horace Say compose des rapports lumineux pour éclairer cette immense accumulation de matériaux; ses deux collaborateurs sèment, dans une multitude de petites notices, des détails utiles ou piquants sur la plupart des industries. Bref, après trois ans de recherches et 80,000 francs de dépenses, apparaît une publication monumentale dont la chambre de commerce a vraiment droit de s'enorgueillir.

Un ouvrage de grande étendue, qui se résume aisément et en peu de pages, est à coup sûr bien conçu et bien exécuté. On ne saurait contester à l'enquête ce genre de mérite. Rien n'est plus facile que d'en extraire la substance.

Les résultats de l'année 1847 sont présentés comme spécimen de l'industrie parisienne dans son état normal. Les investigations, restreintes aux ateliers producteurs et ne dépassant pas l'enceinte du mur d'octroi, ont révélé l'existence de 65,980 établissements soumis à des patentes spéciales; toutefois le nombre des chefs d'industrie n'est que de 64,816, parce que 1,131 d'entre eux ont plusieurs maisons.

La classification des bulletins recueillis a permis de compter 325 industries différentes : on les a classées en 13 groupes, correspondant aux besoins qu'elles ont mission de satisfaire.

Interrogés sur l'importance des ventes faites par eux dans le cours de l'année 1847, ces 64,816 entrepreneurs ont produit des chiffres dont l'addition s'élève à la somme énorme de 1,463,628,350 francs.

Il résulte des renseignements fournis par les chefs d'industrie que le personnel des travailleurs employés par eux comprend 342,530 individus, savoir :

POPULATION OUVRIÈRE.

INDUSTRIE PARTICULIERE	Nombre des ouvriers à la journée	« à la pièce	« au mois ou à l'année	« parens des patrons	TOTAUX
Hommes	117,004	77,998	9,123	740	204,925
Femmes	35,085	66,541	4,157	7,108	112,891
Enfants considérés comme ouvriers	«	«	«	«	5,636
Enfants considérés comme apprentis	«	«	«	«	19,078
Totaux	152,149	144,539	13,280	7,848	342,530
A ces agents de l'industrie particulière, il faut joindre les ouvriers occupés dans les établissements publics et spéciaux, comme la Monnaie, le Timbre, la manufacture des tabacs, les théâtres, etc., au nombre de					14,016
Ce qui porte la population des salariés de toutes classes à					356,546

8,141 ouvriers occupés passagèrement forment ce qu'on appelle la population mobile; les autres font d'assez longs séjour à Paris pour être considérés comme sédentaires.

Le travail se localise de la manière suivante : à l'atelier, 70 pour 100; en ville, 7 pour 100; en chambre, 23 pour 100. La proportion

I. — RÉSULTATS OFFICIELS.

des individus qui savent lire et écrire est de 87 pour 100 parmi les hommes et de 83 pour 100 parmi les femmes.

On compte un apprenti sur 17 ouvriers de l'un et de l'autre sexe, ce qui donnerait à penser que la carrière laborieuse du salarié est environ de seize ans. Parmi les 24,714 enfants ou adolescents considérés comme apprentis ou comme petits ouvriers déjà payés, on en a compté 2,118 au-dessous de douze ans, et 22,596 de douze à seize ans. Les filles sont moitié moins nombreuses que les garçons.

En supposant tous les travailleurs de l'industrie privée occupés pendant une journée pleine, les patrons auraient à débourser en salaires :

Pour les hommes payés à la journée ou à la tâche	739,424 francs
Pour les femmes id. id	165,428
Pour les jeunes gens, en négligeant les apprentis non rétribués, environ	5,000
Le gain des 9,863 hommes qui sont payés au mois ou à l'année ou qui sont nourris dans la famille du patron équivaut à un déboursé de	37,379
Le gain des 11,355 femmes qui sont dans les mêmes conditions équivaut, pour le patron, à un déboursé de	18,508
Somme totale des salaires quotidiens	965,739

La répartition de cette somme fait ressortir en moyenne la journée des hommes à 3 francs 80 centimes et celle des femmes à 1 franc 63 centimes.

Je vais concentrer dans un tableau de quelques lignes la multitude des renseignements recueillis par la chambre de commerce.

INDUSTRIE PARISIENNE.

GROUPES PAR SPECIALITES (Etablissemens particuliers)	Nombre des métiers formant le groupe	Importance des affaires	Nombre des patrons	Ouvriers et apprentis des deux sexes	Moyenne des salaires hommes	« femmes
Alimentation	17	226,863,080	3,673	10,428	3f.50c.	1f. 68 c.
Bâtiment	21	145,412,679	4,061	41,603	3 81	1 43
Ameublement	32	137,145,246	5,713	36,184	3 90	1 78
Vêtement	21	240,947,293	29,216	90,064	3 34	1 62
Fils et tissus	36	105,818,474	3,799	36,685	3 42	1 46
Peaux et cuirs	7	41,762,965	426	4,573	3 87	1 14
Carrosserie, sellerie, équipement militaire	14	52,357,176	1,253	13,754	3 86	1 27
Industries chimiques et céramiques	33	74,546,606	1,259	9,737	3 71	1 48
Travail des métaux, mécanique et quincaillerie	33	103,631,601	3,104	24,894	3 98	1 71
Travail des métaux précieux, orfèvrerie, joaillerie, bijouterie.	35	134,830,276	2,392	16,819	4 17	2 04

I. — RÉSULTATS OFFICIELS.

Boissellerie, vannerie	15	20,482,304	1,561	5,405	3 44	1 56
Articles de Paris	34	128,658,777	6,124	35,679	3 94	1 83
Imprimerie, gravure, papeterie	27	51,171,873	2,235	16,705	4 18	1 75
	325	1,463,628,350	64,816	342,530	3 f. 80 c.	1 f. 63 c

Pour apprécier mieux ces résultats, il importe de se placer au point de vue que la chambre de commerce a dû choisir. A l'époque où l'enquête fut entreprise, en 1848, donner aux investigations une trop grande notoriété, provoquer une controverse publique sur les points contestables, c'eût été attiser une effervescence dont la majorité du pays s'effrayait. La chambre recula devant une telle responsabilité, et s'en tint à consulter silencieusement les patrons, en se réservant de contrôler, de rectifier les déclarations douteuses. Cette méthode n'était pas sans écueils. Vous interrogez un fabricant sur l'importance de ses affaires : sa vanité, plus encore que son intérêt, le pousse à en grossir le chiffre. Vous lui demandez le nombre des personnes qu'il occupe : il vous répond, non pas en cherchant la moyenne de l'année, mais en prenant pour base l'époque de ses plus forts travaux. Vous désirez connaître les salaires de ses ouvriers : plus il est enclin à les réduire et plus il se vante de les payer cher. La chambre de commerce, qui a procédé avec une loyauté à laquelle on doit rendre pleine justice, s'est tenue en garde contre les exagérations de ce genre. Chaque fois qu'un renseignement lui a paru suspect, elle l'a soumis au contrôle le plus sévère : certains bulletins ont été recommencés cinq ou six fois; mais ces rectifications faites par aperçu ont-elles tranché assez profondément dans le vif pour ramener les déclarations dans les limites exactes de la vérité? Je ne dissimulerai pas les doutes que je conserve à ce sujet, persuadé d'ailleurs que mes critiques, loin d'affaiblir la reconnaissance due aux auteurs de l'enquête, ne serviront qu'à mieux faire ressortir les difficultés de leur entreprise.

II. — IMPORTANCE DES AFFAIRES.

L'enquête ayant été conçue primitivement en vue des populations ouvrières, dont on voulait constater l'état matériel et moral, on résolut de circonscrire les recherches dans les limites du monde industriel. Rien de plus net en théorie; mais, dans la pratique, où finit l'industrie? où commence le commerce? Tel fut le premier problème qui se présenta et qui fut ainsi résolu : « Tout entrepreneur, s'est-on dit, qui fait subir aux produits par son travail un changement quelconque, est un industriel ; tous ceux qui se bornent à revendre les produits tels qu'ils les ont achetés, sans autre façon qu'un transport ou un fractionnement nécessaire à la vente, sont des commerçants. »

On espérait que le recensement individuel des entrepreneurs conduirait à connaître le nombre des ouvriers; mais on remarqua bientôt que beaucoup de ceux-ci, travaillant à façon pour plusieurs maisons à la fois ou desservant une clientèle de particuliers, donneraient lieu nécessairement à des erreurs, que tantôt il y aurait double emploi, et tantôt omission. On prévint cet inconvénient en faisant recenser et en classant parmi les entrepreneurs tout individu travaillant à domicile et non attaché d'une manière spéciale à un établissement particulier. Cette méthode donna les résultats suivants :

7,117	patrons occupant plus de 10 ouvriers,
25,116	occupant de 2 à 10 ouvriers,
32,583	n'employant qu'un auxiliaire, ouvrier ou apprenti, et le plus souvent travaillant seuls.
64,846	

Sont-ce de véritables patrons que ces travailleurs qui composent à eux seuls tout leur atelier? ont-ils l'indépendance et la sécurité de l'homme établi? Non, sans doute; ce qui constitue le patronat, c'est le maniement d'un certain capital qu'on fait valoir en spéculant sur la main-d'œuvre d'autrui. Celui qui exécute tout par ses mains dans un métier où le capital n'est pas nécessaire subit, comme

II. — IMPORTANCE DES AFFAIRES.

les autres ouvriers, les variations de salaires, et gagne moins en définitive, parce que son travail est intermittent. Dans cette catégorie de bourgeois employant un aide dans les jours de presse, ou travaillant ordinairement seuls, je trouve, parmi les tailleurs, 2,846 appiéceurs (ouvriers travaillant à la pièce pour divers patrons); 1125 personnes faisant des raccommodages d'habits, et dont plus de la moitié sont concierges; 4,304 cordonniers en neuf ou en vieux, et dont près de 500 tirent aussi le cordon; 893 ébénistes faisant la *trôle*, c'est-à-dire fabricant à la hâte un meuble et le colportant de boutique en boutique pour le vendre, obligés souvent de le céder à perte, etc.; parmi les femmes, 3,222 blanchisseuses servant seules quelques pratiques, 4,237 lingères et 3,876 couturières travaillant irrégulièrement, soit pour les confectionneuses, soit pour des particuliers chez qui elles vont de temps en temps faire des journées, etc. On se rapprocherait donc de la vérité en rejetant dans les cadres d'ouvriers un bon nombre d'individus classés comme patrons, et en réduisant à 40,000 au lieu de 65,000 le nombre des entrepreneurs d'industrie véritablement dignes de ce nom.

Mais le groupe des ouvriers n'est-il pas à son tour considérablement grossi? Je regrette d'être encore obligé de multiplier les chiffres pour justifier mes doutes à cet égard.

En publiant, il y a huit ans, le cinquième volume des *Recherches statistiques sur la ville de Paris*[3], l'administration comprit qu'il serait intéressant de jeter quelque lumière sur le classement professionnel des habitants. A défaut de renseignements précis, elle produisit un tableau de la condition des individus décédés pendant le cours d'une année, de sorte qu'au moyen d'une règle de proportion on pouvait arriver à découvrir par le nombre des morts celui des vivants dans chaque métier. Ce procédé, susceptible d'erreurs pour les professions dont le personnel est peu nombreux, donne des résultats assez exacts lorsqu'on opère sur de gros chiffres. D'après ces données, la population civile de Paris, en comptant les femmes, les enfants, et les ascendants qu'on rattachait à la condition du père de famille, à moins qu'ils n'exerçassent de leur chef un métier distinct, se distribuait ainsi :

Professions libérales et fortunes indépendantes	17 pour cent.
— commerciales	11
— mécaniques	48
Classes infimes et domesticité	24
Total	100

La troisième catégorie, celle des professions mécaniques, correspond au personnel inventorié dans la nouvelle enquête. 48 pour 100 sur 1,034,196 (tel était le total de la population civile en 1847) donneraient 496,413. Or, en complétant les familles des)industriels dernièrement recensés, on arrive à un nombre beaucoup plus considérable; je le prouve :

Nombres exprimés dans l'enquête	Chefs d'établissement (hommes ou femmes)	64,816
	Ouvriers adultes	204,925
	Ouvrières adultes	112,891
	Aides et apprentis au-dessous de seize ans	24,714

Je complète approximativement les familles en ajoutant seulement un enfant par ménage, savoir :

Nombres à ajouter	Conjoints des possesseurs d'établissements	60,000
	Enfants ou ascendants à la charge des patrons	40,000
	Femmes d'ouvriers sans profession et à la charge de leurs maris	60,000

II. — IMPORTANCE DES AFFAIRES.

	Enfants d'ouvriers au-dessous de seize ans et non compris parmi les apprentis ci-dessus désignés	56,000
	Total présumé de la population vivant de l'industrie	623,346

Comparativement à l'ensemble de la population parisienne, ce total exprimerait un rapport, non plus de 48 pour 100, mais de 60 pour 100. A ce compte, il resterait seulement 411,000 têtes pour les autres catégories d'habitants, qui comprennent, dans les professions libérales, tous les propriétaires et rentiers, les fonctionnaires de tous grades, le clergé, les hommes de loi et de science, les artistes de tous rangs et de toutes spécialités ; dans le commerce, tous les spéculateurs, depuis le grand négociant avec ses commis jusqu'au boutiquier et au marchand des rues ; dans la foule obscure, tout ce qu'il y a de domestiques, de portefaix, de manœuvres en dehors des manufactures, et puis enfin les clients habituels des prisons, des hospices, des établissements de bienfaisance. En ajoutant le personnel de ces diverses conditions au groupe qui, suivant l'enquête, forme la population industrielle, on arriverait à un total dépassant de beaucoup le relevé officiel des habitants de Paris [4]. J'incline donc à croire que le nombre des ouvriers a été grossi d'environ 10 pour 100, et je m'explique cette exagération en ce que beaucoup de fabricants, interrogés sur l'importance de leurs ateliers, auront indiqué le nombre d'individus qu'ils occupent au plus fort de leurs travaux.

Les déclarations des patrons élèvent l'importance collective de leurs affaires à 1,463,628,350 francs. Cette somme, exprimant le total des travaux et des ventes faites dans l'année, représente non-seulement le prix des façons, mais encore la valeur des matières employées par ceux qui fabriquent pour leur compte et revendent eux-mêmes leurs produits. Elle comprend donc, avec le labeur industriel, une notable partie du mouvement commercial. Ainsi les bouchers avancent peut-être 50 millions en achats de bétail, afin de débiter pour 75 millions de viandes dépecées. Les raffineurs achètent pour 20 millions de sucres bruts sur 23 millions qu'ils réalisent par la vente des raffinés. Dans la bijouterie et la joaillerie fines, auxquelles on attribue une vente de 60 millions, la spéculation sur les matières premières joue un rôle beaucoup plus considérable que la main-d'œuvre.

La tendance des industriels à grossir l'importance de leurs maisons est tellement naturelle, qu'il serait inutile de la démontrer. Je la constaterai néanmoins par deux exemples. Il est un état dans lequel les opérations simples et généralement connues permettent une vérification facile : c'est celui des imprimeurs-typographes. L'agencement des lettres typiques, appelé *composition*, est payé à l'ouvrier d'après un tarif invariable; le patron ajoute, pour ses *étoffes et bénéfices*, c'est-à-dire pour l'emploi de son matériel, environ 50 pour 100 au prix payé aux compositeurs. Le reste de la dépense consiste en frais de tirage, qui sont inférieurs à ceux de la composition, à moins qu'on ne reproduise la feuille à des nombres considérables, ce qui est exceptionnel. En 1847, suivant l'enquête, il y avait à Paris 87 imprimeries, y compris 7 succursales; elles employaient 4,059 hommes, gagnant en moyenne 4 francs 43 centimes par jour, et la somme collective de leurs affaires s'était élevée à 15,247,211 fr. dans l'année. Or en supposant, ce qui est excessif, 2,400 compositeurs gagnant 1,500 francs par an, et, en ajoutant à leur gain 50 pour 100 pour les étoffes et bénéfices, on arriverait au chiffre total de 5,400,000 fr.; resterait à trouver l'emploi d'une somme de 10 millions en frais de tirage, supposition tout-à-fait inadmissible. Évidemment les imprimeurs-typographes ont grossi de 50 pour 100, et peut-être davantage, le chiffre de leurs affaires.

Je soupçonne également les tailleurs d'avoir prêté à leurs établissements une importance exagérée. Les salaires, dans cette partie, représentent le quart ou le cinquième du prix des vêtements. Pour croire que le total des ventes se fût élevé à près de 81 millions, il faudrait admettre que les ouvriers ont reçu pour leur main-d'œuvre de 16 à 20 millions. De l'aveu des patrons les plus expérimentés, cette proportion dépasse de beaucoup le contingent de leurs salariés.

En considérant que sur une production industrielle de près d'un milliard et demi, l'exportation n'a pas dépassé 169 millions, certains publicistes ont admiré les développements de la consommation intérieure, qui, à ce qu'ils paraissent croire, se serait élevée à

II. — IMPORTANCE DES AFFAIRES.

1,295,000,000, rien qu'en marchandises fabriquées dans les ateliers de Paris. Il y a là encore une illusion contre laquelle il est bon de prémunir le public.

L'énorme somme par laquelle on a caractérisé l'importance des affaires en 1847 exprime non pas la valeur effective de la production, mais le mouvement général des échanges. Je vais expliquer cette différence par un exemple. Un boucher vend pour 1,000 fr. de peaux brutes à un tanneur ; celui-ci transforme les peaux en cuirs qu'il recède pour 1,500 fr. à un corroyeur. Lorsque ces cuirs verts ont été amincis, égalisés, assouplis, noircis dans la corroierie, arrive le vernisseur, qui, achetant le même lot 2,000 fr, y applique le vernis, et le revend 2,500 fr, au cordonnier. Ce dernier transforme enfin le tout en chaussures, dont il tire 6,000 fr. Additionnez le montant de ces cinq ventes successives, ou, pour parler le langage de l'enquête, évaluez l'importance des affaires faites par chacun des cinq industriels désignés, et vous obtenez le chiffre de 13,000 fr.; cependant il n'y a de production effective, de valeur créée, que le montant de la somme payée définitivement par le consommateur, c'est-à-dire les 6,000 fr. que le cordonnier a obtenus de ses pratiques. Chaque marchandise, subissant ainsi plusieurs façons avant d'arriver au public, est achetée et revendue tour à tour par les divers opérateurs qui concourent à sa fabrication. Le coton en laine est matière première pour le filateur, le fil pour le tisseur, la toile pour l'imprimeur sur étoffes. Chacun de ces industriels, faisant une avance de capitaux pour acquérir l'élément de son travail, le revend en ajoutant à son prix la valeur de ses propres manipulations.

Il ne faudrait donc pas prendre le gros chiffre qui totalise les ventes successives pour la mesure des consommations et des jouissances de la société parisienne. Quand un objet est vendu définitivement 100 fr, eût-il occasionné dans le commerce un roulement de capitaux dix fois plus considérable, il n'y a toujours que 100 fr. de revenus effectifs à partager entre ceux qui ont concouru à la création de l'objet, et d'autre part le bien-être des consommateurs n'est augmenté que dans la proportion de 100 fr.

En tenant compte 1° de la tendance qu'ont la plupart des industriels à exagérer l'importance de leurs établissements, 2° de la reproduction à divers chapitres d'une même marchandise, combien devrait-on rabattre des 1,464,000,000 déclarés dans l'enquête, pour arriver à une estimation intrinsèque des produits parisiens? La question est très complexe. Il serait téméraire de hasarder une réponse avant d'avoir fait un travail de vérification, non-seulement sur la fabrique, mais sur le commerce proprement dit. Je signale les erreurs possibles et les causes d'illusion. Chacun cherchera, en ce qui l'intéresse, à se rapprocher autant que possible de la vérité.

On s'étonne de trouver en première ligne, pour l'importance des affaires, l'industrie du vêtement (241 millions) et de ne voir qu'au second rang le groupe des métiers concernant l'alimentation (227 millions). L'évidence démontre cependant qu'un peuple dépense plus pour se nourrir que pour s'habiller. C'est que l'enquête ne se rapporte qu'aux aliments qui donnent lieu à une manipulation industrielle, et néglige ceux que le commerce achète et distribue. D'après un classement quelque peu arbitraire, on a rangé parmi les industriels les bouchers, les boulangers, les pâtissiers, les charcutiers, et on a repoussé comme simples commerçants les rôtisseurs, les restaurateurs et les cafetiers, qui façonnent également les comestibles. Si on ajoutait aux produits alimentaires réputés industriels la valeur des autres denrées introduites, telles que vins, liqueurs, épiceries, poissons, volailles, œufs, légumes et fruits, on trouverait que les Parisiens dépensent pour leur nourriture une somme d'environ 452 millions : c'est un peu moins de 450 fr. Par tête. Le luxe des tables opulentes est compensé par le peu de dépense des petits enfants, des vieillards, des malades, ou par la sobriété forcée des gens extrêmement pauvres.

Le groupe du bâtiment, dont les affaires sont évaluées collectivement à 145 millions, aurait sans doute fourni un chiffre supérieur, si tous les entrepreneurs qui exploitent Paris avaient été recensés; mais beaucoup de maîtres maçons ayant leurs chantiers dans la banlieue se sont trouvés en dehors du cadre des recherches.

Le foyer le plus actif de l'industrie parisienne est le sixième arrondissement : c'est là que sont agglomérés ces petits ateliers où se fabriquent la bijouterie fine et fausse, l'orfèvrerie, le plaqué, la passementerie, la tabletterie, et ces mille petits objets d'utilité ou d'agrément ayant un cachet particulier d'élégance, et connus dans le monde entier sous le nom d'articles de Paris. On y a

II. — IMPORTANCE DES AFFAIRES.

compté 10,300 patrons, avec 58,000 ouvriers, et les déclarations relatives à l'importance des affaires y ont dépassé le chiffre de 235 millions. Le deuxième arrondissement ne vient qu'en seconde ligne pour l'industrie, quoique le plus riche de tous. On y fait pour 178 millions d'affaires, particulièrement en vêtements, modes, carrosserie et joaillerie. Le montant des ventes tombe à 40 millions dans le neuvième arrondissement, qui est, il est vrai, le moins étendu et le moins populeux. Toutes proportions observées, l'activité industrielle de la rive droite dépasse de 50 pour 100 celle de la rive gauche.

Après avoir mesuré les développements de l'industrie, il eût été curieux d'entrevoir, ne fût-ce qu'approximativement, les avantages que retirent de ce mouvement ceux qui conçoivent et dirigent les affaires. Les rédacteurs de l'enquête se sont abstenus de toute indication, de toute conjecture à ce sujet, empêchés sans doute par ce sentiment de réserve que commande un mandat officiel. Il est bien hardi de suppléer à leur silence. Je vais essayer néanmoins, sous les yeux des lecteurs, un travail d'analyse qui leur montrera par aperçu les bénéfices des entrepreneurs; mes calculs auront pour base les faits exprimés dans l'enquête, qu'ils soient ou non entachés de l'exagération dont il est permis de les soupçonner.

La valeur vénale des marchandises est, comme chacun sait, la résultante de l'impôt, du coût des matières premières, des salaires, des profits de l'entrepreneur, etc. Or la somme de 1,464,000,000, prix déclaré des marchandises fabriquées et vendues à Paris, est un produit composé des éléments dont suit l'énumération :

Impôts. (Taxes directes, indirectes et octrois)	146,400,000 fr,	soit 10 0/0
Matières premières, transports compris [5]	366,000,000	— 25
Intérêts des capitaux circulants, escomptes, etc.	73,200,000	— 5
Loyers des ateliers, magasins et boutiques	102,480,000	— 7

Détérioration et remplacement du matériel, combustible, frais imprévus	117,120,000	— 8
Commis des bureaux	58,560,000	— 4
Salaires d'ouvriers [6]	278,160,000	— 19
Profits des entrepreneurs	322,080,000	— 22
Totaux	1,464,000,000 fr,	— 100 0/0

On voit que, d'après ces données, il y aurait à partager une somme de 278,160,000 fr. entre 342,530 ouvriers, et une somme de 322,080,000 fr. entre 64,816 patrons. Si la part de ces derniers est beaucoup plus forte, c'est qu'ils ont à recouvrer, indépendamment de la rémunération du savoir-faire qu'ils déploient comme promoteurs et directeurs de travaux, l'intérêt des capitaux qu'ils ont engagés pour la création ou l'achat des fonds, intérêt qu'on peut estimer à 5 pour 100 du montant de leurs affaires.

J'ai cherché à répartir le bénéfice présumé des entrepreneurs en raison du nombre moyen de leurs auxiliaires, et je suis arrivé aux résultats suivants :

	Bénéfice collectif [7]	Bénéfice par tête
7,117 patrons employant 24 ouvriers	146,553,264 fr.	20,592 fr.
25,116 — — 6 —	129,297,168	5,148
20,000 — — 1 —	34,320,000	1,716
12,583 petits patrons travaillant seuls	11,909,568	946
64,816	322,080,000 fr.	

Veut-on maintenant se faire une idée de la mesure dans laquelle sont récompensés les trois principaux agents de la production, capital, intelligence et main-d'œuvre, — voici le nouveau point de

II. — IMPORTANCE DES AFFAIRES.

vue qui ressort des précédents calculs :

CAPITAL.

Intérêt des capitaux engagés pour frais de premier établissement par l'entrepreneur ou ses commanditaires, 5 pour 100	73,200,000 fr.	
Intérêt des capitaux circulants, 5 pour 100	73,200,000	
Loyers d'habitation, 7 pour 100	102,480,000	248,880,000 fr.

INTELLIGENCE.

Gain des entrepreneurs comme directeurs, 17 pour 100	248,880,000
Appointements des commis, 4 pour 100	58,560,000

MAIN d'ŒUVRE.

Salaires d'ouvriers, 19 pour 100	278,160,000
Total pour les trois agents, 57 pour 100, ou	834,480,000 fr.

En dehors des maisons livrées à la libre concurrence, il y a encore des centres où l'industrie s'exerce, soit pour le compte de l'état et sous sa direction, soit en vertu de privilèges concédés par l'administration à des entrepreneurs qu'elle désigne. L'enquête aurait été incomplète, si elle n'eût pas fourni des renseignements sur des entreprises qui concourent à la production et procurent l'existence à de nombreux ouvriers. Les notices consacrées à ces établissements forment une partie des plus intéressantes du travail.

Je regrette de n'en pouvoir indiquer ici que par quelques chiffres les résultats généraux :

Etablissemens publics et privilégiés	Importance	Nombre
Hôtel des monnaies	86,467,718 fr.	141
Manufacture des tabacs	41,505,022	1,698
Boulangeries spéciales (armée, hôpitaux, prisons).	4,883,273	207
Imprimerie nationale.	3,106,456	764
Manufacture des Gobelins	244,014	103
Filature des indigents		5,887650,174
Théâtres (26 entreprises en 1847)	9,655,833	4,502
Entreprise des pompes funèbres	1,948,535	546
Totaux	148,461,025 fr.	13,848

L'hôtel des monnaies, destiné à frapper des espèces, les théâtres et les pompes funèbres ne présentent pas le caractère des établissements industriels qui consiste à produire des marchandises matérielles et échangeables. En laissant de côté ces entreprises, la production effective des établissements privilégiés serait encore de 52 millions, qui, ajoutés aux résultats de l'industrie particulière, porteraient à 1,516 millions les fruits de l'activité parisienne.

III. — LES SALAIRES.

Jusqu'en ces derniers temps, l'attention donnée au sort des ouvriers n'avait été considérée que comme un devoir d'humanité, devoir trop souvent méconnu. Les commotions qui ont ébranlé l'Europe ont appris enfin aux hommes d'état qu'il y avait là une affaire de salut public. On a senti que ceux qui ont pour unique ressource leur labeur quotidien, formant en définitive la majorité

III. — LES SALAIRES.

dans tous pays, leur aisance plus ou moins grande, leurs vœux, leurs préjugés, leurs sympathies, leurs mécontentements plus ou moins légitimes, constituent une influence sourde, une force latente dont il faudra tenir compte à l'avenir dans la balance des grands intérêts politiques. C'est surtout au désir d'éclairer les questions de ce genre que l'enquête sur l'industrie parisienne doit son origine. A mon sens, cette partie du travail est celle qui laisse le plus à désirer. Les renseignements paraissent surabondants; mais, reproduits toujours suivant la même formule, malgré la diversité des métiers, ils ne reflètent pas suffisamment la réalité : ils se présentent de manière à engourdir dans leur optimisme les personnes qui se contentent d'un examen superficiel.

Je n'accuse pas les auteurs de l'enquête. Dieu m'en garde! d'avoir obscurci les faits de parti pris; j'aime à répéter, au contraire, qu'ils ont apporté dans leurs investigations autant de sincérité que d'énergie persévérante. Je veux dire seulement que la méthode adoptée par excès de prudence, étant insuffisante, a donné des résultats qui manquent de clarté et de précision.

Attentive à prévenir l'agitation qu'aurait pu susciter un débat contradictoire, la chambre de commerce n'a consulté qu'une des parties intéressées. On a présenté tour à tour aux chefs de maison un bulletin imprimé, en les priant d'exprimer par un chiffre les salaires que gagnent *par jour* les diverses catégories d'ouvriers qu'ils emploient. Chaque patron a répondu naturellement en indiquant la rétribution d'une journée pleinement utilisée. Il a donné en quelque sorte le maximum du salaire de l'ouvrier quand il travaille, mais il n'a pas indiqué le nombre des heures, des jours, des semaines perdus par l'ouvrier à qui manque l'occasion de travailler.

En procédant de cette manière, on a obtenu le résultat suivant, applicable aux 195,062 ouvriers occupés soit à la journée, soit à la tâche :

Hommes gagnant moins de 3 fr	27,453
— — de 3 à 5 fr	157,216
— — plus de 5 fr	10,396

Représentons-nous un homme d'état voulant se rendre compte de la situation des ateliers parisiens. Trop occupé pour descendre jusqu'à l'analyse des faits, il cherche la page où se trouve le résumé que je viens de transcrire, et il apprend que les quatre cinquièmes des ouvriers gagnent de 3 à 5 fr, qu'il y a en outre dix milliers de privilégiés, dont les gains s'élèvent à 10, à 20 et jusqu'à 35 fr. Par jour; que, si d'autres travailleurs, dans la proportion d'un sur sept, gagnent moins de 3 fr, cette minorité se compose accidentellement « de vieillards qui ne peuvent plus travailler dans leurs anciennes professions, » ou bien « de jeunes garçons qui, sortant d'apprentissage, se soumettent à une sorte d'initiation. » Ravi d'une telle découverte, l'homme d'état se persuade aisément que les plaintes dont le retentissement est à peine assoupi sont des déclamations creuses, que cette fièvre latente dont les éruptions menacent les sociétés européennes n'est qu'un mal factice.

J'ai pour principe, en pareille matière, de me tenir en défiance contre les vagues généralités; on me permettra donc, je l'espère, d'observer les faits d'aussi près que possible, sans craindre la sécheresse inévitable quand on descend aux menus détails.

Quelques exemples vont faire comprendre en quoi consiste le genre d'exagération que je reproche à l'enquête. J'ouvre le volume à l'article des fabricants de châles : je vois que 781 ouvriers, recevant journellement 2,716 fr, ont un salaire moyen de 3 fr. 62 c; la situation me paraît satisfaisante, et je m'étonne de lire un peu plus loin que « les tisseurs sont rarement dans de bonnes conditions d'existence. » En arrivant aux détails, je remarque d'abord qu'au nombre des parties prenantes, on a compté 20 dessinateurs, espèces d'artistes qui reçoivent de 6 à 9 fr. Par jour : ceux-ci étant laissés de côté, le salaire moyen des ouvriers proprement dits se trouve abaissé à 2 fr. 94 c. : c'est déjà un déchet de 19 pour 100.

Pour plus d'exactitude encore, j'ai voulu établir le budget d'un gazier (c'est ainsi qu'on appelle les tisseurs de châles) avec un ouvrier dont la dextérité et l'ardeur au travail dépassent de beaucoup le niveau ordinaire. Un châle dont la façon est payée 51 fr. Par le fabricant exige sept journées de douze à treize heures, sans compter le temps des repas. Sur ce prix, le contre-maître, propriétaire du métier, commence par prélever un tiers, soit 17 fr. Restent pour l'ouvrier 34 fr, sur lesquels il doit rétribuer, à raison de 1 fr. Par jour, son lanceur, c'est-à-dire l'apprenti qui lui renvoie la navette. Les frais de lumière sont à sa charge. Il donne environ 50 cent, par châle à l'ouvrière qui tord les chaînes; il contribue pour les deux tiers au paiement de la repriseuse lorsqu'il y a dans le tissu des défauts à réparer. Il lui revient en définitive 24 à 25 fr. sur le prix total de la façon, c'est-à-dire 3 fr. 50 c. Par journée de travail. Mais ce produit est celui des journées pleines, qui doivent suffire aux besoins des jours improductifs. Déduction faite des dimanches et fêtes, des trois mois de morte-saison, des heures perdues chaque fois qu'il faut monter ou raccommoder le métier, changer ou corriger les dessins (je ne parle pas des maladies et empêchements particuliers), le travail annuel équivaut au plus à 240 journées complètes. Le gain total se trouve donc réduit à 840 fr, ce qui limite à 2 fr. 30 c. la dépense quotidienne. Il s'agit ici, ne l'oublions pas, d'un ouvrier de première force; pour le vulgaire des tisseurs, le revenu annuel tombe probablement à 720 fr, moins de 2 fr. Par jour. Je ne m'étonne plus alors qu'on ait constaté le malaise de cette catégorie d'ouvriers.

Les imprimeurs sur étoffes sont assez maltraités dans l'enquête. On les y représente, d'après un témoignage qu'il eût été bon de contrôler, comme particulièrement disposés à la turbulence. Des hommes qui, dit-on, gagnent en moyenne 5 fr. 50 c. Par jour et qui se plaignent ! cela paraît d'une exigence scandaleuse; mais le lecteur qui raisonne ainsi ne remarque peut-être pas que l'ouvrier est obligé de payer un jeune auxiliaire à raison de 50 à 75 c. Par jour, et que, pendant cinq mois, le chômage est à peu près général dans les ateliers, si bien qu'en répartissant le gain sur l'année entière, le salaire effectif de la journée descendrait à 2 fr. 50 c.

Le groupe le plus nombreux parmi les ouvriers parisiens est celui des tailleurs d'habits. On y a trouvé 13,528 hommes et 11,360 femmes, en y comprenant les appiéceurs, qui, bien que placés dans le cadre des patrons, ne sont pas autre chose que des salariés. On attribue aux hommes 3 fr. 60 c. Par journée de travail; mais on est obligé de reconnaître qu'ils ont à subir une morte saison d'environ cinq mois pendant lesquels ils languissent dans une dangereuse oisiveté. Déduction faite du temps perdu, le revenu annuel tombe certainement à 2 fr. par jour.

Les articles consacrés aux tailleurs mettent en pleine évidence l'inconvénient qu'il y a à se contenter des déclarations des patrons, surtout en ce qui concerne les salaires. De même qu'il y avait dans l'industrie antique des vicaires qui étaient les esclaves des esclaves, il y a dans l'industrie du vêtement des salariés qui sont engagés et payés non pas par un chef de maison, mais par cet ouvrier qu'on appelle l'appiéceur. Si celui-ci se charge de plusieurs pièces et prend des auxiliaires pour les exécuter, c'est à coup sûr dans l'espoir d'un bénéfice. Eh bien! les appiéceurs, interrogés sur leur propre gain ainsi que sur le salaire des gens qu'ils emploient, ont répondu par des chiffres qui abaissent le contingent du maître au-dessous des profits de l'ouvrier. Cette générosité fort peu vraisemblable est démentie par l'évidence des faits. Les ouvriers qui consentent à s'emprisonner dans la mansarde d'un appiéceur et à travailler sous ses ordres sont des malheureux à qui manque tout autre moyen de travail. Leur servitude est si pesante, leur condition est tellement décriée, qu'on les désigne habituellement dans les ateliers par le surnom de bœufs. Beaucoup d'appiéceurs prennent des femmes pour auxiliaires, ce qui donne lieu à de regrettables désordres. Il est à peu près impossible qu'un homme jeune et une jeune fille, travaillant seuls du matin au soir dans une petite chambre, partageant les fatigues et les privations, faisant les mêmes rêves, n'en arrivent pas à une intimité scandaleuse.

A la sollicitation du gouvernement, la société des maîtres tailleurs, c'est-à-dire les chefs des deux cents principales maisons de Paris rédigèrent, en 1849, un mémoire sur le sort des ouvriers de leur profession. Après avoir exposé que la moitié de ceux-ci est conduite par la misère dans les ateliers des entrepreneurs de confection, ils ajoutent ces paroles qu'il aurait fallu démentir officiellement, si elles sont fausses, et auxquelles il faudrait donner une publicité retentissante, si elles sont vraies : « La moyenne de la journée pour les ouvriers de cette catégorie est à peine de 1 fr. Nous ne produisons pas ici les prix payés par les entremetteurs, qui sont bien moindres encore.» A l'appui de cette assertion se trouve un tarif indiquant, pour chaque vêtement, le prix net payé par heure à l'ouvrier et le nombre des heures nécessaires. Il en résulte qu'une journée de douze heures pleines peut varier depuis 2 fr. 50 c. Pour les pièces exigeant de la dextérité jusqu'à 37 centimes et demi pour les vêtements de pacotille. Ces résultats n'ont pas été contestés; les

III. — LES SALAIRES.

rédacteurs de l'enquête fournissent eux-mêmes des renseignements qui semblent les confirmer. Ils ajoutent néanmoins : « Quelque modiques que soient ces prix, les moyennes de salaires *résultant des déclarations des confectionneurs* n'en sont pas moins de 3 fr. 26 c. Pour les hommes et de 1 fr. 34 c. pour les femmes. » Croire ainsi les confectionneurs sur parole, c'est y mettre beaucoup de politesse.

Le triste sort des femmes ouvrières est assez connu. Un nombre considérable d'entre elles, ne trouvant pas dans le travail des ressources suffisantes, sont conduites à rechercher des protections suspectes. De là ces liaisons passagères où tant de filles flétrissent leur jeunesse. Les renseignements fournis par l'enquête semblent disposés de manière à dissimuler le véritable état des choses. Sur 101,626 ouvrières qui se partagent journellement une somme de 165,428 francs, il y a, nous dit-on :

950 femmes recevant un salaire	inférieur à 60 centimes.
100,050 » » » »	de 60 centimes à 3 francs.
626 » » » »	supérieur à 3 francs.

Pour la majorité des femmes, les ressources sont-elles suffisantes? Combien y en a-t-il dont les salaires atteignent 1 fr, 1 fr. 50 c, 2 fr. Par jour occupé? Voilà ce qu'il importait d'éclaircir. Entre 60 centimes et 3 fr, l'écart est si grand que le fait essentiel reste dans le vague. Pour peu que fût élevé le nombre des ouvrières gagnant plus de 2 francs, il ne resterait aux autres qu'un salaire insuffisant pour les faire vivre dans une honorable indépendance.

Même dans le détail, les chiffres relatifs aux femmes semblent groupés de manière à rassurer ceux qui n'ont rien à désirer dans ce monde que le calme et la continuation de leur bien-être; toutefois de tristes aveux échappent de temps en temps. Après avoir attribué aux 3,659 brodeuses un gain moyen de 1 fr. 71 cent, revenu dont la plupart des ouvrières se contenteraient s'il était régulier, l'enquête, rentrant dans la réalité, constate que « la rémunération de la broderie est presque toujours insuffisante pour mettre celles qui s'en occupent dans de bonnes conditions d'existence. » Aux 4,430 femmes travaillant pour les confectionneurs de vêtements d'hommes, on attribue un salaire de 1 fr. 34 cent.; mais on montre, en reproduisant le témoignage motivé des maîtres tailleurs, qu'il y a peut-être exagération de 50 pour 100. On reconnaît que, pour beaucoup d'ouvrages de femmes, le prix des façons est déplorablement abaissé. La couture des gants de tricot destinés à la troupe est payée à raison de 10 cent, la paire, et, « à moins d'être fort habile, l'ouvrière peut difficilement en coudre plus de huit paires en travaillant treize ou quatorze heures. » Il faut fabriquer douze douzaines de boîtes à allumettes pour 15 cent, et douze douzaines de jolies petites boites à épingles pour 1 fr. et quelquefois moins. Les chemises communes, dont la façon exige un jour de travail, sont payées 33 cent, sur lesquels il faut déduire 5 cent, pour la fourniture du fil. Il se fait des gilets de flanelle à 20 cent. On voit exposés dans tous les magasins de confection des gilets d'homme au prix de 3 à 4 francs : la façon en est payée, déduction faite des fournitures à la charge de l'ouvrière, 40 à 50 cent, et elle exige huit ou dix heures.

L'exiguïté de ces salaires explique suffisamment, ce me semble, la pénurie à laquelle une partie de la population féminine est condamnée. Par une étrange contradiction, l'enquête cite rarement des ouvrières réduites à des gains insuffisants sans attribuer leur détresse à des infirmités qui les paralysent ou au dérèglement de leur conduite. Le hasard me conduisit, il y a peu de temps, dans l'humble demeure d'une ouvrière en bretelles : c'était une femme ayant dépassé la cinquantaine, mais apportant encore à son travail l'ardeur et la dextérité de la jeunesse. Je l'interrogeai, suivant mon habitude, sur les usages et les ressources de son métier. Voici le résumé de mes informations : on paie actuellement 30 centimes pour le piquage et le montage d'une douzaine de paires à pattes et à boucles destinées à l'exportation; l'ouvrière doit fournir son fil, ce qui réduit le gain à 28 centimes. Pour gagner ces 28 centimes, il faut environ douze heures d'assiduité. En rentrant chez moi, j'eus la curiosité d'ouvrir l'énorme volume de l'enquête à l'article de la passementerie, et j'y lus ce jugement sur les 1,584 piqueuses de bretelles, auxquelles on attribue généreusement un salaire moyen de 84 centimes : « Les femmes n'ont un salaire si modique que parce qu'elles sont distraites de leur travail, les unes par les soins du ménage, les autres par des habitudes de dissipation. »

III. — LES SALAIRES.

Ce jugement sur la conduite des femmes est comme une phrase stéréotypée, qui se reproduit en plusieurs endroits du livre. Je la retrouve mot pour mot appliquée aux casquetières. Les ouvrières de cette profession, au nombre de 3,974 femmes ou jeunes filles, réalisent, dit-on, un salaire quotidien dont la moyenne est de 1 fr. 44 cent, mais qui tombe parfois jusqu'à 50 centimes. Les malheureuses dont le gain reste inférieur à la moyenne sont celles auxquelles on attribue des mœurs suspectes. J'ai peine à concilier ce jugement sévère avec les renseignements que me fournissent eux-mêmes les agents de l'enquête. « Depuis plusieurs années, disent-ils, on fait divers articles à des prix qui permettent de les vendre facilement à l'étranger. Ainsi il se fait des casquettes d'été au prix minime de 2 fr. 25 cent, la douzaine, des casquettes de drap à 12 fr. la douzaine, des calottes en tissus de coton de fantaisie à 2 fr. 50 cent. la douzaine, des coiffes à 60 cent, la douzaine, etc.. » Combien est donc payée la façon de ces coiffures qui se vendent moins de 20 centimes? Suivant l'enquête, « il faut quinze heures pour tailler, monter et coudre une douzaine de ces casquettes. » Le travail d'une heure, procurant au plus 4 cent, et demi, l'ouvrière a gagné 54 centimes quand elle a donné douze heures de son temps, non compris l'intervalle des repas [8]. S'il est vrai qu'après une journée aussi bien remplie et avec le superflu de son gain elle trouve le moyen de se procurer quelque dissipation, la blâme qui voudra, ce n'est pas moi qui lui jetterai la première pierre.

On nous apprend encore que « un grand nombre d'entrepreneurs de lingerie font travailler hors de Paris et dans les couvents à des prix qui ne laissent à l'ouvrière que 25 ou 30 cent, par jour. « Dans la même page, on ajoute sur le ton du reproche que la plupart des lingères montrent peu de goût pour le travail, que leur existence est problématique, et qu'elles sont en majorité dans le personnel des bals publics. Il n'est que trop vrai : beaucoup de ces malheureuses, démoralisées par un labeur stérile, se lancent à corps perdu dans les folles aventures, trop heureuses le plus souvent, lorsqu'à défaut du repas substantiel qu'elles ont rêvé, elles se rassasient au bal de bière et de croquets.

L'enquête, je l'ai déjà fait remarquer, indique le maximum de ce que peut gagner l'ouvrier pendant une journée pleine. Pour se faire une idée exacte de sa situation, il faudrait savoir ce qu'il y aurait à rabattre sur l'ensemble de l'année pour le nombre des jours pendant lesquels il ne lui est pas possible de travailler. Les renseignements donnés à ce sujet flottent encore dans le vague ; on parle de 250 à 300 jours productifs : c'est beaucoup trop assurément. J'évalue la perte du temps à 52 jours pour les dimanches, 8 jours pour les fêtes publiques et religieuses, 10 jours en moyenne pour les maladies [9] et l'accomplissement des devoirs impérieux. Il y a de temps en temps dans les ateliers de petits accidents, des retards, des obstacles involontaires qui forcent l'ouvrier à se croiser les bras, même quand la besogne presse, et l'addition de ces heures perdues équivaut, à la fin de l'année, à un certain nombre de journées improductives. Il y a enfin, dans tous les états, la morte saison, c'est-à-dire un ralentissement ou une suspension du travail, qui dure, suivant les spécialités, de deux à cinq mois. Pendant cette période, on congédie les ouvriers médiocres, et on tâche de s'attacher les bons en leur faisant faire des moitiés, des quarts de journée. Tenons compte de toutes ces circonstances en cherchant une moyenne qui exprime la généralité des faits, et nous reconnaîtrons qu'on est modéré en évaluant à 240 journées pleines et productives le labeur des ateliers parisiens.

J'accepte, bien que l'exagération en ait été démontrée dans plusieurs des pages qui précèdent, le chiffre qui exprime le salaire collectif de la population industrielle, savoir, en nombres ronds : 966,000 francs par jour. Cette somme, multipliée par 240, donne pour l'année un peu moins de 232 millions. Partagé également entre 323,452 parties prenantes [10], ce fonds commun donnerait par tête 716 francs de revenu. Voici à peu près comment la distribution se fait entre les diverses catégories de travailleurs :

Industrie particulière	Nombre des parties prenantes	Revenu collectif des salaires	Revenu annuel par tête	Somme à dépenser par tête et par jour
Hommes	204,925	186,432,720 f.	909 f.	2 f. 49 c.
Femmes	112,891	44,146,640	391	1 07

III. — LES SALAIRES.

Enfants des deux sexes au-dessous de seize ans, non apprentis,	5,636	1,200,000	212	» 58
Totaux	323,452	231,779,360 f.	« f.	» f. » c.

Avec les revenus spécifiés ici, les gens rangés pourraient à la rigueur vivre honorablement. Par malheur, ces chiffres par lesquels les savants indiquent les degrés intermédiaires dans l'échelle de l'aisance sont de pures abstractions. Dans la vie positive, il suffit d'un petit groupe d'individus largement rétribués au milieu d'une foule nécessiteuse pour élever la moyenne générale à un taux satisfaisant en apparence. La majorité, qui reste du mauvais côté de la moyenne, n'en est pas plus heureuse pour cela. Ce qu'il importerait précisément de découvrir dans les recherches du genre de celles qui nous occupent, c'est le nombre des individus dont la détresse et le mécontentement pourraient offrir des dangers pour la morale privée ou la sécurité publique. Or il me paraît ressortir des données mêmes de l'enquête qu'à Paris, dans la population active des ateliers, qu'il ne faut pas confondre avec la population inerte nourrie par les bureaux de charité, on trouverait plus de 100,000 hommes ayant à dépenser moins de 2 fr. Par jour, et plus de 75,000 femmes réduites à vivre avec moins de 1 franc [11]. Des calculs qu'il est facile à chacun de vérifier montrent que des individus dans ces conditions ne peuvent subsister qu'avec la plus sévère économie, et qu'au premier accident malheureux venant rompre le fragile édifice de leur budget, ils glissent dans la misère, dont ils peuvent rarement se tirer. Ces basses régions de l'industrie sont comme le séminaire des hôpitaux et des prisons.

L'insuffisance des salaires dans beaucoup de métiers tient-elle à l'état présent de l'industrie, ou bien est-ce un mal en voie de guérison? Le rapporteur de la commission d'enquête déclare que le progrès ne s'est pas ralenti depuis vingt ans. Toutefois il admet qu'il y a au moins stagnation dans les métiers où le travail consiste en tissage, et il reconnaît comme « un fait incontestable que, dans un grand nombre d'industries, il y a eu baisse sur le taux des façons payées aux ouvriers qui travaillent à la tâche. » Or ces deux exceptions au progrès supposé intéressent à peu près la moitié de la population ouvrière. Entre les deux faits énoncés à vingt lignes de distance, la contradiction est flagrante.

On a essayé encore de prouver la hausse des salaires, en cherchant les éléments d'une comparaison dans les statistiques parisiennes publiées, avant 1830, sous l'administration de M. de Chabrol. Les exemples qu'on cite sont peu concluants. La manufacture nationale des tabacs, où, dit-on, « les salaires ont haussé de près de moitié, » a changé complètement ses usages de fabrication : elle confie aujourd'hui à des femmes la plupart des travaux qu'elle faisait exécuter autrefois par des hommes, de sorte que les ouvriers conservés sont des sujets d'élite, dont la rétribution est plus élevée. On signale encore une hausse de 17 pour 100 au profit des ouvriers employés dans la fabrication des papiers peints; mais on n'a pas remarqué que, pour élever à 4 fr. 10 c. la moyenne de 1847, il a fallu comprendre les dessinateurs et les contre-maîtres, qui n'ont pas été considérés comme ouvriers dans les tableaux de 1828.

Lorsque les faits sont présentés de part et d'autre avec assez de précision pour que le parallèle soit exact, l'avantage au profit de notre temps disparaît d'ordinaire, et surtout pour les industries dont le personnel tient une grande place. Ainsi les menuisiers en bâtiment, au nombre de plus de 8,000, en y comprenant les parqueteurs et les rampistes, gagnaient, de 1821 à 1828, de 3 fr. 50 c. à 4 fr. La moyenne obtenue en 1847 est de 3 fr. 61 c. Il en est de même pour une autre catégorie plus nombreuse encore, celle des maçons, où l'on compte près de 10,000 hommes. Les renseignements très précis [12]? embrassant une douzaine d'années (1817 à 1828), autorisent à croire que la situation de cette classe s'est à peine améliorée. Le parallèle des salaires paraît défavorable à notre temps pour la cristallerie, la lithographie, la bijouterie et la fabrication des bronzes.

Je relève ces faits pour montrer une fois de plus combien les auteurs de l'enquête sont portés à l'optimisme. Je n'y attache pas d'ailleurs une importance décisive, car, pour se prévaloir de la comparaison, il faudrait d'abord établir qu'une même méthode d'observation et de classement a été suivie dans les deux enquêtes. Tient-on absolument à savoir si, depuis cette efflorescence du système industriel qui remonte à une trentaine d'années, il y a progrès ou détérioration dans le sort des classes ouvrières, qu'on interroge les relevés annuels de la consommation alimentaire. Il n'y a pas de témoignages plus certains ni plus expressifs. Si l'ouvrier améliore son régime, c'est qu'il a plus d'aisance; s'il réduit sa ration quotidienne, c'est évidemment que ses ressources sont diminuées. Or je renouvelle avec précision et impartialité des calculs qui ont été déjà faits vingt fois, et je trouve que, pour l'ensemble de la population parisienne, l'usage du vin est diminué de 18 p. 100 depuis un quart de siècle [13]; il y a en revanche, triste symptôme, une légère augmentation dans l'usage de l'alcool. La consommation de la viande est abaissée de 9 pour 100 [14]. Ces résultats généraux ne donnent d'ailleurs qu'une idée incomplète de la réalité. Il est évident que ceux qui vivent dans l'aisance boivent autant de vin et mangent autant de viande aujourd'hui qu'il y a vingt-cinq ans, et que la diminution porte exclusivement sur les classes condamnées à la stricte économie. En supposant donc que les privations n'eussent été ressenties que dans la moitié de la population parisienne, le déficit serait de 23 pour 100 sur le vin et de 17 pour 100 sur la viande.

Grâce à son industrie, la ville de Paris s'est considérablement enrichie, merveilleusement embellie depuis trente ans : si cela ne sautait pas aux yeux, l'enquête le démontrerait en mille endroits; mais je lis aussi dans un petit coin du gros volume qu'une des charges de l'administration des pompes funèbres est de faire inhumer à ses frais les indigents, et que chaque année elle est obligée de fournir gratuitement des bières et des linceuls pour le tiers des individus qui meurent à Paris !

IV. — LA MISÈRE A PARIS.

L'immoralité engendre-t-elle la misère, ou bien est-ce en général la misère qui produit l'immoralité? La première hypothèse est communément professée : la plupart des publicistes considéreraient comme une imprudence de ne pas déclarer que la détresse et cette sorte d'avilissement qui l'accompagne d'ordinaire sont le juste châtiment d'une conduite désordonnée. Toutefois ce lieu commun de la morale officielle n'a pas, à beaucoup près, le caractère d'une vérité démontrée. Pour prononcer en pleine connaissance de cause, il faudrait une série d'investigations spéciales, poursuivies sans parti pris et sur une assez grande échelle : opération pleine de difficultés, et qui, si je ne me trompe, n'a jamais été poussée à bout qu'une fois. En 1818, le baron de Keverberg, gouverneur de la province de Gand, voulut connaître les causes de la misère dans la région confiée à son zèle. Par ses ordres, des renseignements furent pris individuellement et avec beaucoup de soins et de détails sur près de 70,000 indigents. Il fut constaté que ceux qui expiaient leur inconduite étaient seulement dans la proportion de 5 sur 100, que le quart des individus vivaient dans la pénurie par insuffisance de travail, et que près de la moitié des malheureux, 49 sur 100, succombaient sous les charges d'une famille trop nombreuse [15].

Des résultats à peu près semblables ressortent des études faites à Paris par un des principaux administrateurs de la bienfaisance publique. Après avoir analysé le budget d'une famille ouvrière à laquelle il suppose un revenu de 1,000 francs par an (combien n'atteignent pas ce chiffre!), M. Vée ajoute [16] : « Avec deux enfants, l'équilibre entre les recettes et les dépenses existe facilement; avec trois, il se trouvera détruit. » Or plus de trois naissances par ménage sont nécessaires pour maintenir la population au même niveau. Il est évident que deux enfants au plus sur trois parviennent à l'âge adulte : les deux survivants suffisent à remplacer le père et la mère, mais ne comblent pas les vides laissés par la mort de ceux qui ont vécu dans le célibat; de sorte que, pour une notable partie des habitants de Paris, il se présente cette alternative, ou de manquer à l'ordre naturel pour le maintien de l'espèce ou d'affronter la misère [17]. C'est par cette considération que les administrateurs des bureaux de bienfaisance restreignent les secours d'abord aux vieillards de soixante-cinq ans accomplis et aux infirmes incapables de tout travail, ensuite aux jeunes ménages ayant à leur charge au moins trois enfants au-dessous de douze ans. Ces secours sont-ils de nature à modifier le fait général? Hélas ! les distributions des bureaux de bienfaisance n'équivalent pas même 5 centimes par tête et par jour, et il n'y a pas 2,000 ménages surchargés d'enfants qui soient admis à ce maigre banquet.

Dire en thèse générale que la moralité est la principale garantie du bien-être, c'est proclamer une vérité banale à force d'évidence; mais voyons les hommes tels qu'ils sont, et ne méconnaissons pas que, chez la plupart d'entre eux, la conduite est fatalement influencée par les conditions de leur existence matérielle. J'ai montré que les ouvriers dont le salaire tombe au-dessous du terme moyen doivent limiter leurs dépenses à 2 francs par jour; j'ajouterai, si l'on veut, que, même avec des ressources aussi restreintes, on se ferait un régime supportable, à la condition d'avoir une prévoyance et une économie à l'épreuve de tous les entraînements. C'est exiger, par malheur, un genre d'héroïsme exceptionnel dans les ateliers comme partout ailleurs. Lorsqu'on a ajouté plusieurs nuits au travail des jours pour achever à point une commande arrivée subitement, il faut de la vertu pour résister à la tentation d'un spectacle ou au plaisir de s'ébattre sous la tonnelle d'une guinguette. A-t-on cédé quelquefois, le souvenir d'une satisfaction vive envahit la pensée. Le divertissement devient le but et la récompense du travail. Ainsi germe et grandit cet amour du plaisir, trait d'autant plus saillant dans le caractère du Parisien qu'il est plus près de la pauvreté. Et pourtant ce genre de luxe n'est jamais compris dans le budget de l'ouvrier ordinaire; la moindre dépense au-delà de ce qui est strictement nécessaire pour le soutien de la vie entame la réserve qu'il faudrait ménager pour les périodes de morte saison.

Plus le travail est intermittent et plus il y a d'écueils pour le salarié. Se trouve-t-il sans avances quand l'atelier se ferme, commence aussitôt pour lui la série des expédients qui aggravent le mal : les crédits chez les fournisseurs, les visites au mont-de-piété, la vente successive des effets. Le chômage se prolonge-t-il, la ruine complète de son mobilier le forcera à se réfugier dans un garni, crise fatale dans son existence. A moins d'une rare énergie pour se relever à la reprise du travail, il contractera dans ce milieu des habitudes d'insouciance ou un découragement plein d'amertume; il y formera des liaisons suspectes. Pour les femmes, le séjour des maisons garnies est bien plus redoutable encore. Le peu de confiance que leur situation inspire empêche qu'on leur confie des marchandises; le manque d'argent, la menace presque incessante d'être chassées de leur dernier asile par le logeur qu'elles ne peuvent pas payer, ouvrent devant elles une affreuse perspective. Souvent sollicitées au plaisir, au milieu de ce voisinage qui se renouvelle sans cesse, cèdent-elles, dans un jour de disette, à la tentation de s'étourdir, elles glissent peu à peu jusqu'à la dernière dégradation.

Le domicile de l'ouvrier étant un des signes les plus caractéristiques de sa situation matérielle et morale, on n'a pas négligé les éclaircissements à ce sujet. Les réponses fournies par les patrons s'appliquent aux quatre cinquièmes des ouvriers qu'ils employaient en 1847; en voici le résumé :

HOMMES	Ouvriers dans leurs meubles	122,922	soit 74 sur 100
	— habitant chez leurs parents ou chez le patron	9,861	soit 5 sur 100
	— logés en garni	34,311	soit 21 sur 100
FEMMES.	Ouvrières dans leurs meubles	68,691	soit 80 sur 100
	— habitant chez leurs parents ou chez le patron	12,141	soit 15 sur 100
	— logées en garni	4,158	soit 5 sur 100

On doit conclure des indications qui précèdent qu'en 1847 plus de 46,000 salariés industriels logeaient en garni. Le recensement fait en cette même année n'attribue pourtant aux maisons meublées que 50,000 locataires pour toutes les classes de la population, et il est évident que les individus (autres que les ouvriers) installés dans les hôtels grands et petits, dépassaient de beaucoup le nombre de 4,000. Pour concilier cette apparente contradiction, il faut se rappeler que, dans les dénombrements administratifs, on ne considère comme logés en garni que ceux qui y font un séjour moindre de six mois. Au contraire, les ouvriers dont il s'agit ici sont, pour la plupart, des individus qui, à défaut d'une habitation personnelle, passent leur vie entière dans des gîtes ouverts au

IV. — LA MISÈRE A PARIS.

premier venu.

En interrogeant les patrons, en observant les ateliers, les rédacteurs de l'enquête étaient arrivés à cette conviction que, « si tous les ouvriers qui logent en garni n'ont pas une conduite répréhensible, du moins presque tous ceux qui mènent une vie turbulente et dissipée habitent dans les garnis. » Ayant accepté la douloureuse mission de sonder les plaies de l'industrie, la chambre de commerce ordonna à ses agents de visiter les lieux où se réfugient ceux qui ne possèdent pas même le petit capital nécessaire pour acquérir les meubles les plus indispensables. Il est fâcheux que cette intéressante enquête n'ait pas été faite à une époque normale. Au moment où elle fut entreprise (janvier 1849), le personnel ordinaire des garnis était notablement amoindri et modifié. La rareté des travaux avait éloigné un grand nombre d'ouvriers paisibles. Beaucoup d'hommes compromis dans les troubles politiques avaient disparu. Ces anciens locataires étaient remplacés en partie par de nouveaux que la crise industrielle venait de précipiter dans la misère. 2,360 garnis à bas prix, désignés par la préfecture de police, ne renfermaient alors que 21,567 hommes et 6,262 femmes. Comparativement aux années précédentes, les hommes étaient moins nombreux, parce qu'ils avaient été rudement atteints par l'orage ; le nombre des femmes était augmenté, parce que beaucoup d'entre elles étaient restées sans ressources.

Toutes les conditions étaient représentées dans ces refuges de la misère, depuis les plus humbles jusqu'à celles qui donnent à quelques rares élus la considération et la renommée. Les plus nombreux étaient, parmi les hommes, les tailleurs, au nombre de 965, et les cordonniers, au nombre de 1,064. Plus de la moitié des femmes se disaient couturières, lingères, blanchisseuses ou domestiques. Quel triste enseignement ressort du contraste des professions ! Dans ces bas-fonds abjects, où tombent fatalement les gens sans ressources, il y avait 104 porteurs d'eau et 220 imprimeurs, 189 chiffonniers et 206 mécaniciens, 19 balayeurs et 22 médecins, 8 balayeuses et 13 femmes peintres. Les naufragés des professions libérales se sont trouvés relativement plus nombreux que les gens des métiers réputés misérables. On a rencontré, parfois sans pain et dans de hideux taudis, 11 avocats et 47 clercs d'étude, 13 instituteurs, 12 ingénieurs, 31 hommes de lettres ou journalistes, 90 artistes peintres ou dessinateurs, 196 artistes musiciens et 51 musiciennes, et déplus 267 personnes vaguement désignées comme exerçant des professions où la culture intellectuelle est de rigueur.

A Dieu ne plaise que tous les locataires des petits garnis soient voués à une dégradation irrémédiable! Il résulte au contraire des informations minutieusement prises que la moitié des femmes et le quart des hommes seulement ont une conduite suspecte. Le relevé de leurs moyens d'existence est d'ailleurs une mesure assez probable de leur moralité.

Un dixième seulement des habitants des garnis ont des ressources scandaleuses et souvent criminelles [18]. Dans le nombre de ceux qui se soutiennent par leur travail, il faut mettre à part 3 ou 4,000 ouvriers logeant en chambrées par esprit d'économie, et ne souffrant pas de leurs privations, puisqu'elles sont volontaires. Les autres vivent tant bien que mal de quelques travaux intermittents, des dettes qu'ils font, de l'assistance qu'ils obtiennent. Sauf quelques exceptions, que je signalerai plus loin, la décence et la salubrité des maisons garnies sont en rapport avec la moralité de ceux qui les occupent. Rien de plus naturel : le vice, qui est la saleté de l'âme, éprouve moins de répugnance au contact des choses immondes. Entre les 2,360 garnis visités, on en signale 922 comme étant d'honnête apparence, 958 où l'existence serait à la rigueur tolérable, 230 considérés comme insalubres, et 250 dont le séjour hideux et infect serait le plus cruel supplice pour une personne accoutumée à une vie décente.

Qui voit une chambrée d'ouvriers les voit toutes. On appelle ainsi les garnis spéciaux où se réunissent des individus de même profession et souvent de même pays. On a compté à Paris environ 500 maisons de ce genre, destinées pour la plupart à des ouvriers qui sont rarement originaires de Paris, comme les maçons, ou à ceux qui gagnent trop peu pour se meubler : on voit, par exemple, beaucoup de cordonniers et de tailleurs se mettre à la discrétion d'un logeur, homme de leur métier, qui les fait travailler. Quelques lits où l'on couche à deux, une chaise près de chaque lit, des planches et des clous au mur pour ranger les effets, constituent le mobilier d'une chambrée. Une place dans un de ces lits, une soupe le soir et le blanchissage d'une chemise par semaine coûtent de 5 à 8 francs par mois. Quelquefois, le logeur est une espèce de banquier qui avance au locataire, à gros intérêt sans doute, le petit capital nécessaire pour acheter les instruments de son état. C'est ainsi que la plupart des musiciens ambulants, presque tous Suisses ou Savoyards, se procurent l'orgue de Barbarie avec lequel ils assourdissent les passants. Habités par des gens laborieux et rangés, les garnis spéciaux appartiennent en général à la catégorie des logements passables; il y a pourtant des ouvriers nomades, qui, uniquement préoccupés de grossir leur pécule, vivent en commun dans des lieux infects et de la façon la plus misérable : pour ceux-ci, la saleté, qu'ils appellent de l'économie, ne paraît pas être une souffrance.

Dans les garnis au mois, toutes les professions sont mélangées; des inconnus se rencontrent dans la même chambre, et quelquefois dans un même lit, car presque toujours les lits sont disposés pour deux individus, et, suivant l'enquête, « il existe quelques garnis où se trouvent des femmes dans la même chambrée que les hommes. » Un locataire est-il arriéré, on lui signifie que ses draps ne seront plus changés, et on le laisse croupir dans la malpropreté, au risque d'infecter ses voisins. Beaucoup de femmes de mauvaise vie se réfugient dans les maisons de cette classe; les chefs d'établissement en ont regret, parce que cette clientèle éloigne les ouvriers qui n'ont pas perdu tout sentiment de décence. « Il faut bien recevoir ces créatures, répondit un logeur au reproche qu'on lui en faisait, il n'y a que celles-là qui paient ! »

Viennent ensuite les garnis à la nuit, repaires de la démoralisation effrontée ou de la plus extrême misère, deux plaies qui se rejoignent d'ordinaire et s'aggravent mutuellement. Le croirait-on? l'enquête distingue encore cinq degrés jusque dans cette catégorie infime. Il y a d'abord un certain nombre de maisons, suffisamment meublées, qui ne sont pas autre chose que des rendez-vous de débauche. Aussi le prix de location y est-il très élevé : un lit s'y paie jusqu'à v franc 50 cent, par nuit. D'autres maisons, un peu plus mal tenues et où l'on paie moitié moins, sont fréquentées par les vagabonds vivant de filouteries, oiseaux de nuit qui, après un repos de quelques heures, reprennent leur volée et disparaissent. On a fait sur ces mauvais lieux une remarque assez piquante. Dans la plupart des garnis de bas étage, on ne se fait pas grand scrupule de donner pour blanc le linge qui compte déjà d'anciens services. Au contraire, dans certaines de ces cavernes hantées par des malfaiteurs, on a la conscience de demander aux locataires s'ils veulent coucher dans des draps vraiment blancs ou dans des draps sales. Voici d'ailleurs le tarif officiellement constaté : location d'un lit avec draps ayant servi, pour une personne seule, 60 centimes; pour deux personnes, i franc. Avec des draps blancs, seul, i franc, et à deux, 1 fr. 50 c. Voilà qui semblerait cher à d'honnêtes gens, mais des voleurs n'y regardent pas de si près.

Une troisième classe de garnis a une clientèle qui, n'ayant pas encore étouffé tout sentiment d'honnêteté, ne vivant pas encore des industries honteuses ou criminelles, est obligée de restreindre ses dépenses et de se contenter d'un gîte plus que modeste. Ici, le prix du couchage est au maximum de 80 centimes pour une nuit, et descend jusqu'à 15 cent. Les habitués sont, pour la plupart, des gens sans conduite, qui, perdant peu à peu l'énergie du travail, commencent à voir sans embarras le repris de justice, et sans dégoût le chiffonnier abruti. On pourrait dire que ces maisons sont situées sur cette pente fangeuse où l'on glisse aisément du vice dans le crime.

A un degré inférieur encore, sont les taudis où l'on couche à 2 sous la nuit. On trouve ici, croupissant dans des foyers d'infection, non pas précisément des êtres dangereux, si ce n'est pour la salubrité publique, mais des malheureux complètement dégradés, chez qui semblent oblitérés tous les sentiments humains, hormis l'instinct bestial de la conservation.

Ces logements hideux, ce n'est pas la première fois qu'on en a fait la remarque, sont payés plus cher que les habitations somptueuses des beaux quartiers. Supposons six grabats à deux places dans une chambre nue, humide et mal close, louée parfois, avec la condition de ne pas même la balayer, à raison de 20 cent, par place; c'est pour le logeur 2 fr. 40 c. Par nuit, et, à la fin de l'année, 876 fr. Il y a peu de chambres revenant à un tel prix dans l'ensemble d'un riche appartement. On cite même des coucheurs à la nuit qui ont trouvé le secret de se mettre à l'abri des non-valeurs en faisant payer d'avance les locataires : ceux-ci ne peuvent rentrer le soir au logis qu'en glissant par un guichet pratiqué dans le couloir d'entrée les 10 ou 20 centimes en échange desquels on leur tire le cordon. En raison de ces habitudes, le couchage, je ne puis dire le logement, est la grosse dépense pour les gens extrêmement pauvres, une dépense tout-à-fait hors de proportion avec leurs ressources. Un bulletin, reproduit littéralement comme spécimen des procédés de l'enquête, nous montre, dans une ignoble maison du quartier Saint-Médard, 82 locataires gagnant environ 50 cent, par jour et obligés d'en débourser de 20 à 40 pour leurs places sur un grabat. La nourriture compte à peine dans leurs budgets : ils font la soupe avec le pain qu'ils trouvent ou qu'on leur donne en chiffonnant.

Surmontons le dégoût que cause le spectacle de l'abjection humaine et visitons quelques garnis à la suite des employés de l'enquête. Voici, dans le Ier arrondissement, une maison d'honnête apparence : située entre cour et jardin, elle est bien aérée, propre et silencieuse; mais à l'intérieur on trouve 21 hommes de seize à soixante ans et 17 jeunes femmes. Les malheureuses se font presque toutes une ressource de leurs désordres : « la plupart s'enivrent, et trois d'entre elles s'adonnent à ce vice à un tel point, qu'il arrive souvent au maître du garni de les charger sur son dos et de les coucher dans leur lit. » Entrons un peu plus loin chez un gargotier-liquoriste, qui loue 28 chambres ou cabinets. Celui-ci est une espèce de philanthrope qui ouvre aisément sa porte aux plus pauvres gens, et, non)content de leur faire crédit, leur donne de vieilles chaussures, de vieilles chemises, et quelquefois du pain. Ses locataires trouvent moyen de se libérer en exerçant ces métiers sans nom qui consistent à faire tourner les chevaux de bois, à ouvrir les portières des voitures, à guider les étrangers. « Quand ces commerces ne vont pas, ils se font arrêter pour deux ou trois jours afin de ne pas manquer de pain. »

En dépeignant beaucoup d'autres habitations, en restant bien au-dessous de la vérité, on aurait l'air de faire un tableau de fantaisie. Dans une maison en ruine dont les locataires des deux sexes sont des Auvergnats grossiers, à l'exception d'une femme qui se dit comtesse et prend de grands airs, « les lits ne sont jamais faits, les chambres jamais balayées; les murailles de séparation intérieure sont défoncées, des pans de murs sont tombés, les portes brisées, les carreaux cassés et raccommodés avec des morceaux de papier de toutes nuances. Les cabinets, construits avec de vieilles cloisons, sont sans jours pratiqués et par conséquent privés d'air. » Dans une autre maison signalée comme un foyer de maladies, et où se trouvent des gens qui se disent négociants, commis, confiseurs, bouchers, etc., il y a des cabinets si petits qu'une pauvre femme, nichée dans un trou obscur de cinq pieds sur trois, est obligée « de grimper sur le grabat qui l'occupe en entier, pour procéder à tous les soins qu'exigent sa personne et son ménage. » Ailleurs, ce qu'on appelle des lits sont des caisses en planches montées sur quatre morceaux de bois avec de la mauvaise paille hachée, couvertes de draps en lambeaux et de couvertures formées de morceaux de vieilles tapisseries. « point de table ni de chaises ; les portes sont faites avec des débris de caisses à savon et présentent des fentes donnant passage au seul air que l'on puisse respirer quand elles sont fermées pendant la nuit. Deux personnes couchent ensemble dans ces espèces de niches. » Ne faut-il pas une vocation bien décidée pour tenir des établissements de ce genre? Toutefois la clientèle de ces bouges n'est effrayante que par la répulsion qu'elle inspire et par la férocité qu'on lui suppose quand on la voit par les yeux de l'imagination. En réalité, les êtres qui se laissent abrutir sont comme la bête, agressifs et cruels quand on paraît les craindre, et lâches quand on les fascine par du sang-froid et de la résolution. Le logeur, comme le dompteur d'animaux, prend sur son entourage un ascendant que l'habitude fortifie de jour en jour. On a vu, dans une des chambres d'un garni à la nuit, « trois lits pour les locataires et un pour la logeuse, femme d'environ quarante ans; non-seulement elle couche au milieu des six hommes occupant les trois autres lits, lesquels s'enivrent souvent et se battent entre eux jusqu'à rester sur place, mais elle a pour compagne une bonne de vingt-huit ans qui, pendant deux mois, a partagé son lit. » Je viens de découvrir des tableaux bien hideux, et cependant j'en suis encore aux beaux quartiers. Je n'ai pas dépassé le IIIe arrondissement. A mesure qu'on parcourt les autres (le Xe et le XIe exceptés), ce qu'on rencontre devient de plus en plus indescriptible. Ce sont des logements totalement privés d'air et de jour, comme cette chambre du quartier des Halles « où l'air qu'on respire est d'une telle puanteur, qu'une personne qui n'y est pas habituée ne peut y rester que quelques instants, et cependant six hommes y couchent. » Si Dante avait eu l'idée de peindre dans les cercles infernaux les tortures que peut occasionner la plus excessive saleté, il n'eût pas imaginé autre chose que ce qu'on raconte de certaines maisons des faubourgs du Temple,

Saint-Antoine ou Saint-Marceau, et dans ces quartiers l'abjection du régime semble encore aggravée par l'infamie des mœurs. Le personnel y devient plus hideux que l'entourage. Par exemple, dans un garni voisin du canal Saint-Martin, habité par 13 hommes et 6 femmes, les inspecteurs écrivent ce qui suit : « Véritable repaire, bouge infect, femmes à figure repoussante, violacées et bourgeonnées par suite d'excès continuels de spiritueux, se livrant à des turpitudes inqualifiables…… Tous couchent pêle-mêle dans deux ou trois chambrées où le plus souvent ils se battent. »

Au milieu de cette dépravation, on s'étonne de rencontrer parfois des vertus humbles et fermes, qui ne s'altèrent point au contact du vice et que le vice semble respecter. Les inspecteurs signalent dans les plus mauvaises maisons des gens très laborieux et de bonne conduite. Ainsi, après mention faite d'une de ces cavernes où croupissaient dans l'oisiveté des ouvriers ivrognes, débauchés, et même soupçonnés de vol, l'enquête ajoute : « Cependant vivait parmi eux une femme se conduisant bien et travaillant jour et nuit. » Pauvre âme ennoblie par la misère ! personne ne lira ce qu'on a écrit d'elle sans lui adresser sympathiquement un témoignage d'estime et de pitié.

La spéculation, qui ne néglige aucune chance de gain, a encore imaginé, le croirait-on ? d'ouvrir des garnis pour les enfants. On cite, entre autres, un repaire de ce genre, « abominable de laideur, de malpropreté et de misère, » où de jeunes garçons de onze à dix-sept ans viennent passer la nuit au prix de 10 ou 15 centimes, suivant qu'ils logent en chambrée ou en cabinets particuliers. A part quelques pauvres garçons venus de la campagne pour apprendre un état et déçus dans leurs espérances, les autres locataires sont de petits drôles qui ont déserté la maison paternelle ou se sont fait chasser des ateliers où ils travaillaient. Grâce aux traditions du lieu, ils ne tardent pas à faire l'apprentissage de ces métiers d'aventure qui conduisent la plupart d'entre eux sur les bancs de la police correctionnelle. Craignant sans doute les poursuites de leurs familles, ces petits vagabonds ne restent pas longtemps dans le même gîte. Le maître de la maison mentionnée a déclaré avoir reçu en deux ou trois jours jusqu'à 300 de ces mauvais sujets, et ses livres constatent qu'en 89 jours il en a logé 2,845, ce qui donne une moyenne de plus de 31 locataires nouveaux par jour. Il n'y a pas du moins à Paris, ainsi qu'à Londres, de ces garnis où les enfants des deux sexes sont accueillis comme maris et femmes, où une seule chambre et d'ordinaire un seul lit reçoivent trois ou quatre de ces abominables ménages.

Pour ceux qui tombent dans les abîmes sans fond de la misère, il y a une crise extrêmement difficile à traverser : c'est le moment où l'individu terrassé par le malheur et perdant l'espoir de se relever se demande s'il ne ferait pas bien de s'abandonner corps et âme à la fatalité, de ne plus se faire de bile et de se laisser vivre au jour le jour sans prévoyance et sans vergogne, en ne poursuivant, comme la brute, que la satisfaction du moment. Celui qui ne résiste pas à cette infernale tentation devient un malfaiteur s'il est corrompu, et, s'il conserve le sentiment de la probité, il se déclare chiffonnier.

La recherche et le triage des ordures qui peuvent encore être utilisées constituent une carrière assez lucrative pour celui qui a l'instinct de la chose. Treize à quatorze cents personnes en vivaient avant 1848, et cette proportion paraît subsister encore aujourd'hui. Les gens du métier distinguent les placiers, qui exploitent une circonscription sans en sortir, et les aventuriers, qui s'en vont butiner dans toute la ville. Une petite promenade le soir et une grande tournée depuis quatre heures du matin jusqu'au moment où s'ouvrent les boutiques leur procurent un gain suffisant. Un *bon* chiffonnier, dit-on gravement dans l'enquête, pouvait gagner 5 francs en 1846, tandis que depuis la révolution il ne réalise plus que 1 fr. 50 cent, à 2 fr. N'y a-t-il pas là encore un peu de partialité en faveur du passé? N'a-t-on pas pris de rares exceptions pour la règle commune? Des gens très agiles, et sachant se bien faire venir dans les grandes maisons dont ils reçoivent les débris, ont pu faire autrefois de bonnes journées; il en serait de même aujourd'hui dans de pareilles circonstances. En général, la nature du travail indique que son produit doit être très éventuel, car les trouvailles de l'un limitent les gains de l'autre. Les profits quotidiens varient de 50 cent, à 2 fr. Le prix de la marchandise baissa en effet beaucoup en 1848, mais ce ne fut pas une occasion de perte pour ces bons chiffonniers dont parle l'enquête. Beaucoup de malheureux, refoulés par la misère dans les garnis de bas étage, étaient obligés de prendre la flotte pour compléter la maigre pitance que la mairie leur fournissait : ne sachant pas tirer parti de leur butin, ils le revendaient à vil prix aux vieux praticiens, de sorte que ceux-ci, sans se fatiguer, gagnaient plus que par le passé. Le chiffonnier pur sang se trouvait ainsi transformé en capitaliste exploiteur : ironie des révolutions!

Les objets trouvés dans les rues devant fournir des matières premières pour diverses industries, le triage est l'opération subtile et importante. Une hottée se distribue quelquefois en plus de vingt tas. On sépare les linges fins ou grossiers, blancs ou de couleur. Les papiers ont différents prix, selon qu'ils sont blancs, imprimés ou de pâte colorée. Dans les laines, on met à part les étoffes bleues, dont on extrait la couleur pour la revendre, et les tricots, qui sont recardés. Parmi les os, on doit distinguer ceux dont on peut encore tirer de la graisse, ceux qui sont bons pour la tabletterie, ceux dont on ne peut plus faire que du noir animal. Le vieux cuir de chaussure est moins précieux que les âmes de semelle. Les morceaux de cristal, de verre à vitre ou de verre à bouteille, la ferraille, le vieux cuivre et les bouchons forment autant de lots différents : connaître pour chacune de ces marchandises les débouchés spéciaux et le cours de la place, c'est ce qui constitue le vrai talent.

Autrefois le triage des bottées et le lavage des chiffons se faisaient chez des entrepreneurs installés à cet effet. En 1847, il y eu avait encore, suivant l'enquête, 21 employant 71 ouvriers, et réalisant en affaires collectives une somme de 1,670,000 francs. Depuis quelques années, les chercheurs de nuit ne vendent plus guère leur butin sans lui avoir fait subir un premier nettoyage, soit qu'on leur impose cette condition, soit qu'ils y trouvent plus de profit. Cet usage doit rendre leurs habitations de plus en plus insalubres. Qu'on se figure des ordures de toute espèce, triées, lavées et séchées dans une chambre où mangent et dorment hommes, femmes et enfants! Quand par malheur la vente se ralentit et que les marchandises s'accumulent, la fermentation dégage des odeurs putrides, asphyxiantes, auxquelles on ne peut résister que par la force de l'habitude.

On a trouvé environ 300 chiffonniers logés dans les garnis de bas étage : le plus grand nombre préfère habiter des maisons ou des chambres sans meubles, louées à la semaine, parce que ces réduits, n'étant pas soumis aux visites de la police, offrent aux locataires une plus grande indépendance. Quel usage en font-ils, grand Dieu? Les notes prises au milieu de ces cloaques présentent à l'imagination tout ce que la misère a de plus hideux, et le vice de plus immonde. Presque tous les chiffonniers vivent en concubinage, dit-on dans l'enquête, se séparant et se remettant ensemble au moindre prétexte; car, en cas de mort, le survivant forme immédiatement une autre liaison. Dans ces affreux ménages, qui heureusement sont peu féconds, hommes et femmes sont d'accord pour économiser sur le manger (on ne parle pas de l'habillement) et consacrer le plus d'argent possible à ce poison qu'on leur vend pour de l'eau-de-vie à raison de 1 franc le litre. Ils ne dépensent en pain que quelques centimes, et quelquefois ils se contentent des restes qu'on leur donne ou qu'ils trouvent dans la rue. Les recenseurs mentionnent trois femmes qui, leur a-t-on dit, « n'ont jamais vécu que de vieux morceaux de pain moisi ramassé dans les ordures. » Ailleurs un homme, tirant de sa hotte quelques poissons gâtés qu'une marchande avait jetés, disait avec béatitude : « Je crois qu'ils sont encore un peu frais. » Au surplus, pourquoi plaindrait-on le chiffonnier? Il ne paraît pas souffrir, du moins moralement, de cet odieux régime, et, quand lui arrive une lueur de raison entre deux crises d'ivresse, il affecte de se montrer jovial, goguenard, fier de ce qu'il appelle son indépendance, et content de son sort.

Je crois devoir faire remarquer, en terminant, qu'il n'y a pas une connexité précise entre la population industrielle et celle des garnis suspects, et qu'en réalité le personnel dégradé des mauvais lieux appartient à toutes les classes de la société.

V. — UN DERNIER MOT.

Même en adoptant les correctifs proposés plus haut, il ressort de l'enquête que le développement de l'industrie parisienne depuis le commencement du

siècle est colossal. La métropole française vient après Londres dans la liste

des grands foyers de production, et si l'on tenait plus grand compte de la perfection des produits que de leur quantité, l'estime des peuples attribuerait sans doute le premier rang à Paris. Mais il y a des teintes sombres dans ce tableau si propre à flatter la vanité

V. — UN DERNIER MOT.

nationale. De sales misères qui s'étalent sans pudeur, et, ce qui est plus grave, une pauvreté morne et cachée se réveillant par crises, comme aux élancements d'une douleur sourde, montrent que tous ceux qui ont prêté les mains au progrès n'ont pas eu également lieu de s'en applaudir.

A la vue de ces symptômes, beaucoup de gens déclarent nettement que Tex tension de l'industrie métropolitaine est démesurée; qu'en attirant à Paris, par le mirage des forts salaires, une multitude exposée à de cruels mécomptes, elle crée un danger pour la société entière; qu'il faut enfin restreindre cette trop grande agglomération des ouvriers, dût la spéculation parisienne en souffrir. Au contraire, d'autres personnes disent tout bas que le mal dont on s'effraie à tort est dans l'ordre naturel des choses; que l'industrie est un champ de bataille où de pauvres soldats doivent tomber et disparaître pour le bien et la gloire de tous; qu'il faut seulement étendre le voile sur les blessures, afin que la vue des plaies saignantes ne démoralise pas ceux qui sont encore debout.

Ces deux opinions me paraissent également dangereuses. Le développement de la fabrique parisienne est une des conséquences de la centralisation. Les moyens d'instruction étant presque généralement concentrés à Paris, la grande ville est devenue l'école du bon goût, et il faut que cette école soit assez nombreuse pour que les autres villes puissent s'y recruter incessamment; autrement l'industrie française perdrait ce cachet qui assure son prestige dans le monde entier. D'autre part, s'aveugler sur le mal ou croire qu'il suffit de le déguiser pour que le patient se déclare satisfait, c'est une illusion et une imprudence. Ne fait-on pas injure à la Providence en supposant qu'une partie des hommes appliques aux travaux utiles sont fatalement destinés à user leur vie dans la souffrance et l'humiliation?

Nous avons vu plus haut que, sur une somme de 1,464 millions, représentant, suivant l'enquête, le montant des affaires industrielles, les ouvriers de Paris reçoivent en salaires 19 pour 100 [19]. Si on avait les éléments d'un pareil calcul pour les États-Unis d'Amérique, peut-être trouverait-on que le contingent des salariés y est de 40 pour 100. Pourquoi d'aussi énormes différences entre les deux contrées?

En chaque pays, la part de l'ouvrier dans l'œuvre collective est déterminée par les institutions qui régissent l'industrie : le chiffre du salaire est une résultante produite fatalement, mystérieusement, par les lois civiles, les règlements économiques, la fiscalité, les usages commerciaux. Supposez à New-York un pouvoir entravant le mécanisme du crédit, gênant les transactions sous prétexte de les réglementer, aussitôt les affaires deviennent languissantes; le travail est plus offert que demandé, et le contingent du salarié s'abaisse de moitié. N'attribuons pas exclusivement, comme beaucoup de personnes sont disposées à le faire, l'avilissement des salaires à la surabondance des bras qui se font concurrence dans les sociétés vieillies. C'est prendre l'effet pour la cause. On a vu plus haut qu'à Paris la fécondité est en raison inverse de la richesse, et ce triste phénomène se vérifie dans tous les pays. Quand de longues privations ont démoralisé l'ouvrier, il perd le sentiment de la prévoyance pour lui-même comme pour ceux qu'il met au monde. Pauvre, il ne s'effraie plus d'une famille nombreuse destinée, comme lui, à vivre sans lendemain, et le grand nombre des enfants qui surviennent dans son taudis le font déchoir de la pauvreté dans la misère irrémédiable.

Lorsque les gens éclairés et prudents d'un pays jugent en leur âme et conscience que le niveau des salaires y est en général trop bas, ils peuvent être persuadés qu'il y a des vices à réformer dans le régime fait à l'industrie. Ces vices sont quelquefois tellement cachés, ils agissent d'une manière si subtile, qu'il est difficile de les découvrir. Cherchez et vous trouverez, peut-on dire aux hommes de bonne volonté. Qu'ils étudient les faits avec indépendance et impartialité, ils finiront par entrevoir que le mal réside ou dans des abus de fiscalité, ou dans des monopoles et privilèges, ou dans des entraves inutiles. Qu'ils s'entendent pour éclairer l'opinion sur ces abus, qu'ils en obtiennent le redressement par des voies légales et pacifiques, et bientôt, sans mesures violentes, sans atteintes portées aux droits respectables, on verra s'améliorer la rémunération de ces labeurs quotidiens qui font vivre les sociétés.

Une machine fonctionne mal et menace de se détraquer. Un ignorant propose de la jeter bas et de la reconstruire sur un plan nouveau qu'il indique. Un habile ingénieur observe, réfléchit, découvre que quelques grains de sable cachés dans les rouages

V. — UN DERNIER MOT.

faussent les mouvements et qu'il suffit de les faire disparaître pour que tout aille au mieux : image de la politique. Les utopies dangereuses, filles de l'ignorance, ont la prétention de tout refondre, de tout régler arbitrairement et de maintenir d'autorité un équilibre factice. Sous promesse d'enrichir les sociétés, elles leur enlèvent le principe de tout enrichissement, qui est le libre exercice des facultés personnelles. Au contraire, le caractère des réformes fécondes et durables est de restituer aux individus la somme de liberté qui leur avait été ravie par de mauvaises institutions. Une entrave qu'on abaisse ou un monopole qu'on détruit, c'est le grain de sable imperceptible qui causait tout le mal, sans que le vulgaire s'en doutât.

Je m'attends à une de ces objections qu'on ne formule pas tout haut, mais qu'on agite intérieurement dans les profondeurs de la conscience. Si des réformes économiques élevaient le taux des salaires, se dira-t-on, si le contingent des salariés pouvait être grossi, ne serait-ce pas au détriment des autres classes? Je surprendrai sans doute bien des gens en affirmant que la part des pauvres ne peut et ne doit être augmentée qu'à une condition : c'est que celle des riches ne soit pas amoindrie. Je vais mettre cette pensée en saillie par une hypothèse.

Je suppose un petit peuple chez lequel l'ensemble de la production, ou, ce qui revient au même, le montant des revenus serait de 100 millions. La part du prolétariat est de 30 pour 100, soit 30 millions; celle des classes dominatrices est de 70 pour 100 ou 70 millions. Surviennent, dans l'ordre économique, des réformes qui, déplaçant la limite, portent le contingent du travail manuel à 40 pour 100, en réduisant à 60 pour 100 celui du capital qui fournit les instruments et de l'intelligence qui conçoit et dirige. Aussitôt la multitude, donnant essor aux besoins longtemps comprimés, se laisse aller au plaisir d'acheter, de consommer, de jouir dans la mesure de ses ressources nouvelles. Les demandes de l'un procurant du travail à l'autre, la production, c'est-à-dire la somme de biens à partager, augmente rapidement. Supposons-la portée à 120 millions, au lieu de 100, accroissement tout-à-fait probable. Quel sera, en définitive, le résultat d'une telle réforme? Les classes qui vivent d'un salaire, prenant 40 pour 100 sur 120 millions, auront à se partager 48 millions au lieu de 30 : leur situation étant notablement améliorée, elles se reposeront de la fièvre passée dans un calme réparateur. Quant aux classes qui exercent le patronat, réduites à un dividende de 60 pour 100, mais le prélevant sur une somme plus forte, elles retireront 72 millions au lieu de 70; elles réaliseront un petit gain matériel et l'inestimable profit de la sécurité.

Le phénomène que je traduis grossièrement en chiffres, pour lui prêter la rigueur d'une démonstration mathématique, est au fond le jeu subtil et incessant qui détermine la transformation et le développement des sociétés. A mesure que la multitude laborieuse acquiert un plus libre essor de ses facultés, la nation s'enrichit, cela est incontestable, et dans cet enrichissement collectif les privilégiés regagnent en véritable aisance ce qu'ils perdent en prérogatives souvent fallacieuses. Certes la part laissée au serf dans les fruits du travail était bien mince sous la féodalité. Battant ou battu, calomniateur ou calomnié, le serf est devenu bourgeois : eh bien ! que les descendants des familles féodales, vivant de leurs revenus dans un bon hôtel, se demandent s'ils ne sont pas plus largement et plus noblement riches que ne l'étaient leurs ancêtres à l'époque où ils se faisaient brutalement la part du lion?

Si donc, au tableau de l'industrie parisienne, les hommes de bon vouloir s'avouent qu'il pourrait y avoir dans le régime actuel des malheurs immérités à réparer et des dangers sociaux à prévenir, qu'ils s'imposent comme devoir de vérifier les faits signalés ici et d'en sonder les causes; qu'ils étudient nos lois économiques dans leurs rapports avec les classes ouvrières; qu'ils analysent dans un esprit d'équité le jeu de la fiscalité, la portée des institutions de crédit, les effets des prohibitions, des monopoles, des règlemens industriels; qu'ils en constatent l'influence sur la création de la richesse collective, et sur cette quotité qu'on en détache pour être disséminée en salaires : à mesure qu'ils avanceront dans ces études, le progrès au profit des classes actuellement souffrantes ne leur paraîtra plus un problème insoluble; la récompense de leurs efforts sera la confiance qu'ils prendront dans l'avenir, en voyant la possibilité de remédier aux maux dont ils gémissent sans troubler l'ordre traditionnel des sociétés.

NOTES

1. Grand in-4° de 1,400 pages avec tableaux, chez Guillaumin, rue de Richelieu, 14.

2. Cette commission fut composée de MM. Ch. Legentil, président, Denière fils, Hachette, Ledagre, Letellier de La Fosse, Germain Thibaut et Horace Say.

3. Voir une analyse de cette publication dans la Revue des Deux Mondes du 15 février 1845.

4. On objectera peut-être que le classement des professions n'est pas le même dans la statistique publiée par la préfecture de la Seine que dans celle qu'a dirigée la chambre de commerce; que l'on a rangé d'un côté parmi les commerçants des individus qui sont considérés d'autre côté comme industriels, et réciproquement. C'est après avoir pesé scrupuleusement toutes ces différences que j'ai formulé mon opinion.

5. Si, dans quelques industries déjà signalées, la matière première augmente beaucoup le prix, le contraire a lieu pour le plus grand nombre des métiers, où l'élément primitif est à peu près sans valeur.

6. Ce total de 278,000,000 pour les salaires correspond à 288 journées pleines de travail. J'ai dû adopter ici ce chiffre pour me conformer aux vagues estimations de la chambre de commerce, qui laisse flotter le nombre des journées effectives entre 250 et 300. Je démontrerai plus loin l'exagération de cette conjecture.

7. C'est, je le répète, pour me conformer aux résultats officiels que j'attribue ici une somme de 322,000,000 aux entrepreneurs parisiens. Il y a, en rabattre proportionnellement à l'exagération présumée dans le chiffre total des affaires.

8. Pendant les mauvais mois de 1848, le prix des façons a été encore abaissé. Il y a, même en temps ordinaire, trois mois et demi de morte saison, pendant lesquels le travail est à peu près suspendu.

9. En 1847, on a traité dans les hôpitaux de Paris 88,080 malades, et la durée moyenne du traitement a été de 24 jours, ce qui donne 2,113,920 journées de présence. Toutes les maladies

qui suspendent le travail ne sont pas traitées à l'hôpital. On sait d'ailleurs qu'à Paris et dans les grandes villes les malades sont congédiés avant qu'ils aient repris leurs forces. M. de Watteville signale ce fait dans un rapport adressé l'année dernière au ministre. « La moyenne du traitement pour la France entière, dit-il, est de 60 jours. Cela tient à ce que dans les établissements ruraux, les malades restent cinq ou six mois à l'hôpital, parce qu'il n'y a pas nécessité de les renvoyer pour faire place à d'autres malades. »

10. On néglige ici les 19,000 apprentis qui travaillent sans rétribution.

11. Le loyer d'une petite chambre coûtant 100 fr.; — 750 grammes de pain par jour, à 30 cent, le kilogr, faisant pour l'année 82 fr. ; — 3 décilitres par jour d'un mauvais vin à 50 cent, le litre, soit pour l'année 55 fr. ; — 80 cent, soit 292 fr. Par année pour les autres aliments; — 100 fr. Pour le costume; — 101 fr. qui restent pour l'éclairage, le chauffage, le blanchissage, le renouvellement du mobilier et les besoins imprévus : tout cela constitue la très modeste existence qui correspond à un revenu de 2 fr. par jour.

12. Voir un mémoire spécial et détaillé sur les travaux du bâtiment de 1822 à 1828, annexé au volume de la Statistique parisienne publié en 1829.

13. Consommation du vin à Paris. — De 1822 à 1827, avec une population civile de 800,000 âmes en moyenne, il a été introduit à Paris 942,615 hectolitres de vins par année, ce qui donne une consommation par tête de 117 litres. — En 1847, la population civile étant de 1,034,000 têtes, les droits ont porté sur 990,710 hectolitres, ce qui réduit la part de chacun à 99 litres : différence dix-huit pour cent.

14. Consommation de la viande à Paris. — Première période, de 1822 à 1827, population moyenne de 800,000 habitants.

	Nombres par année commune	Poids net par tête de bétail	Poids total
Bœufs	78,856	340 kil.	26,811,040 kil.

Vaches	12,250	240	2,940,000
Veaux	74,971	63	4,723,173
Moutons	387,176	22	8,517,872
Porcs	89,908	80	7,082,640
Viandes à la main (boucherie et charcuterie)			2,039,034
Total des viandes consommées			52,113,759 kil.

52,114,000 kilogr. à partager entre 800,000 individus donnent 65 kilogr. 14 centièmes par tête. Deuxième période, année 1847. —

Viandes de boucherie sorties des abattoirs (bœuf, veau, mouton, bouc et chèvre)	48,879,815 kil.
Viandes à la main provenant de l'extérieur	4,653,282
Chairs de porc, graisses et charcuterie	7,984,332
Total des viandes consommées	61,517,429 kil.

Avec une population de 1,034,000 personnes, 61,517,000 kilogr. de viandes à partager donnent par tête 59 kilogr. 45 cent. Comparativement à l'époque précédente, la diminution est de neuf pour cent.

15. L'ouvrage du baron de Keverberg a été publié à Gand en 1818 sous ce titre : Essai sur l'indigence clans la Flandre orientale, et les résultats en ont été reproduits par M. de Gérando dans son Traité de la Bienfaisance publique :

1° Vieillards indigens.	2,881	Proportion sur 100 4
2° Infirmes indigens	7,802	— 11

3° Indigens à la suite de malheurs particuliers..	4,842	— 7
4° — par suite de surabondance d'enfants..	33,962	— 49
5° — par insuffisance de travail	15,837	— 24
6° — par inconduite	3,100	— 5
Total des indigens de la province	69,424	100

Du Paupérisme et des Secours publics dans la ville de Paris, par M Vée, administrateur des hôpitaux.

17. Il est d'autant plus important que les pauvres puissent élever sans trop de souffrances un nombre suffisant d'enfants, que, dans les grandes villes surtout, la population n'est entretenue et renouvelée que par le prolétariat (je rends ici à ce dernier mot sa valeur étymologique). On ne compte à Paris que 2 1/2 naissances légitimes par ménage; mais la population se complète par les naissances illégitimes, qui y atteignent l'énorme, la scandaleuse proportion de 34 pour 100. Les quatre arrondissements les plus riches (2e, 10e, 3e et 1er) sont ceux où les mariages sont les moins féconds. Les quatre arrondissements les plus industriels, sans être tous classés au rang des plus pauvres (6e, 8e, 5e et 12e), sont ceux où les familles ont le plus d'enfants légitimes, sans compter les bâtards. Les ménages du 2e arrondissement, quartier de l'opulence, ont en moyenne 1 enfant et 87 centièmes. Les ménages réguliers du 12e arrondissement, foyer principal de la misère, ont 3 enfants et 24 centièmes. La disproportion dans la fécondité serait bien plus saisissante encore, si l'on comptait de part et d'autre les enfants naturels. Avec ces dispositions des classes vouées à l'industrie, on voit combien les chances de misère y sont nombreuses.

18.

POPULATION DES PETITS GARNIS.

Moyens d'existence	Hommes	Femmes	Totaux
Le travail	9,984	1,919	11,903
Le crédit momentané du logeur	2,744	304	3,048

Les secours publics,	7,633	2,468	10,101
Hommes vivant de la débauche des femmes	324	«	
Femmes vivant de la prostitution	«	1,307	1,631
Ressources inconnues (probablement le vol)	882	264	1,146
	21,567	6,262	27,829

19. Cette proportion de 19 pour 100 pour Paris étant très faible, j'y vois une nouvelle preuve de l'exagération du chiffre par lequel l'enquête exprime l'importance des affaires. D'autres études m'ont conduit à croire que, pour la France entière, la part des salariés dans le revenu collectif est d'environ 30 pour 100.

ISBN : 978-1726238007

www.ingramcontent.com/pod-product-compliance
Lightning Source LLC
Chambersburg PA
CBHW070958240526
45469CB00017B/2450